मृच्छकटिक

[नाटक]

मृच्छकटिक

शूद्रक

रुपांतरकार

मोहन राकेश

राधाकृष्ण प्रकाशन

ISBN : 978-81-8361-903-5

मृच्छकटिक

पहला संस्करण : 1961
चौथा संस्करण : 2023

मूल्य : ₹ 795

प्रकाशक
राधाकृष्ण प्रकाशन प्राइवेट लिमिटेड
जी-17, जगतपुरी, दिल्ली-110 051
शाखाएँ : अशोक राजपथ, साइंस कॉलेज के सामने, पटना-800 006
पहली मंजिल, दरबारी बिल्डिंग, महात्मा गांधी मार्ग, प्रयागराज-211 001
वेबसाइट : www.radhakrishnaprakashan.com
ई-मेल : info@radhakrishnaprakashan.com

मुद्रक
बी.के. ऑफसेट
नवीन शाहदरा, दिल्ली-110 032

MRICHCHHAKATIK
Play by Shudrak
Hindi Adaptation by Mohan Rakesh

मृच्छकटिक

पात्र

सूत्रधार	शर्विलक
मैत्रेय	कुम्भीलक
चारुदत्त	माँ
शकार	विट
विट	धूता
चेट स्थावरक	रोहसेन
वसंतसेना	स्थावरक
रदनिका	आर्यक
चेटी	वीरक
मदनिका	चंदनक
माथुर	शोधनक
द्यूतकर	न्यायाधिकृत
दर्दुरक	श्रेष्ठी
कर्णपूरक	चाण्डाल-1
वर्धमानक	चाण्डाल-2

अंक : एक

नान्दी

रक्षा करे
शंकर की ब्रह्मलग्न समाधि
जिसमें
उनकी आँखें
शून्य में खोकर तदाकार हो गई हैं;
दोहरे साँप
पर्यंक ग्रंथियों की तरह
उनके जानुओं को कसे हैं;
प्राणवायु को रोक लेने से
बाह्य ज्ञान लुप्त हो गया है
तथा इंद्रिय व्यापार स्तब्ध हो गए हैं;
और उनकी तत्त्व दृष्टि
शरीर को विस्मृत कर
आत्मा में आत्मा का साक्षात्कार कर रही है !

एवं

रक्षा करे
नीलकंठ का नीला कंठ
जिस पर पार्वती की भुजलता
यूँ शोभित है
जैसे नीले मेघ के वक्ष पर
विद्युत् की रेखा !

नान्दी के अनंतर सूत्रधार का प्रवेश।

सूत्रधार : अब बस करो भाई, नहीं तो परिषद् के लोग ऊबकर उठ जाएँगे।...अभिवादन के अनंतर मैं आप महानुभावों से निवेदन करना चाहता हूँ कि इस समय हम मृच्छकटिक नामक प्रकरण का अभिनय करने जा रहे हैं।

जहाँ तक इसके कर्त्ता का प्रश्न है—
मत्त गयंद की-सी उनकी गति थी
और चकोर की-सी आँखें,
पूनम के चाँद-जैसा मुख
और सुंदर शरीर।
द्विजों में प्रमुख तथा अत्यधिक पराक्रमी
वे कवि शूद्रक के नाम से प्रख्यात थे।
इसके अतिरिक्त
ऋग्वेद और सामवेद के ज्ञाता वे
गणित, वाणिज्य और हस्तिशिक्षा में पारंगत थे।
शंकर की कृपा से
अज्ञान का अंधकार दूर होने से
उन्हें ज्ञान की आँखें प्राप्त हुई थीं।
अश्वमेध यज्ञ द्वारा
अपनी महिमा बढ़ा चुकने पर
पुत्र को राज्य देकर
सौ वर्ष और दस दिन की आयु में
शूद्रक अग्नि में प्रवेश कर गए।
इसके साथ यह भी कथनीय है कि
राजा शूद्रक एक ओर तो कुशल योद्धा थे
जिन्हें शत्रुओं की गजसेना से
मल्लयुद्ध करने में आनंद प्राप्त होता था;
दूसरी ओर
वे एक नितांत गर्वहीन तपस्वी
तथा श्रेष्ठ विद्वान भी थे।
उनकी इस रचना में
अवंतिपुरी के दरिद्र युवक चारुदत्त का वर्णन है
जो सदा द्विजों की पालना करता था;
और उसके साथ
वसंत की सुषमा-जैसी सुंदर
वसंतसेना का
जो उसके गुणों पर अनुरक्त थी।

इस रचना में राजा शूद्रक ने
उन दोनों के प्रेम का,
संसार की नीति का,
लोक-व्यवहार की दुष्टता का,
दुष्टों के स्वभाव का
तथा व्यक्ति की नियति का
सुंदर चित्र प्रस्तुत किया है।

घूमकर इधर-उधर देखता है।

अरे ! हमारी संगीतशाला तो सूनी ही पड़ी है ! गायक लोग कहाँ गए ? (सोचकर) तो यह बात है !
घर में पुत्र न हो, तो घर सूना है;
एक अच्छा मित्र न हो, तब तो वह और भी सूना है।
यदि व्यक्ति मूर्ख हो, तो (उसके लिए[1]) दसों दिशाएँ सूनी हैं,
और यदि पास में धन न हो,
तो सबकुछ सूना-ही-सूना है।
संगीत हो चुका। इतनी देर की संगीतोपासना से भूख के मारे आँखें बाहर निकलने को आ गईं जैसे गरमी की चिलकती हुई धूप में सूखा हुआ कमल का बीज। तो गृहिणी को बुलाकर पूछूँ कि कलेवे के लिए कुछ है या नहीं। आवश्यकता और सुविधा की दृष्टि से अब प्राकृत में बात करूँगा।
(प्राकृत में[2]) ओह हो ! भाई देर तक गाने से भूख के मारे अपना शरीर कमल की सूखी नाल की तरह हो गया। तो घर चलकर पता करूँ कि गृहिणी ने कुछ पकाया है या नहीं।

घूमकर सामने देखता है।

यह रहा अपना घर। अब अंदर चलूँ। (अंदर प्रवेश करके इधर-उधर देखता हुआ) अरे ! अपने घर का तो आज विधान ही निराला है। धोए हुए चावलों का पानी गली में फैला है। लोहे के कड़ाहों की रगड़ से धरती पर कालिख का ऐसा सुंदर लेप हुआ है कि लगता है जैसे कोई युवती चंदन रचाए बैठी हो। सुगंध ऐसे उठ रही है कि भूख पहले से दुगुनी हुई जाती है। कहीं घर में पुराना गड़ा हुआ धन तो नहीं निकल आया ? या कहीं

1-2. कोष्ठ अनुवादक की ओर से।

ऐसा तो नहीं कि मुझे ही भूख के मारे सारा संसार भातमय प्रतीत हो रहा है जबकि वास्तव में घर में कलेवा भी नहीं है ! सच, भूख के मारे प्राण गले को आ रहे हैं।...यहाँ की तो आज दुनिया ही निराली है। कोई स्त्री मसाला पीस रही है और कोई माला गूँथ रही है। (सोचता हुआ) आखिर बात क्या है ? घरवाली को बुलाऊँ तो पता चले कि भेद क्या है। आर्ये, ज़रा इधर तो आओ।

नटी : (आती हुई) यह रही मैं, आर्य !

सूत्रधार : स्वागत है, स्वागत है !

नटी : आज्ञा दीजिए, क्या कार्य है ?

सूत्रधार : बात यह है कि देर तक संगीतोपासना करने से...मेरा मतलब है घर में कुछ खाने को है या नहीं ?

नटी : सभी कुछ है।

सूत्रधार : अर्थात् क्या-क्या है ?

नटी : देवताओं के आशीर्वाद से वह सभी कुछ है जो आपको अच्छा लगता है—अर्थात् गुड़ का भात है, घी है, दही है, चावल है...।

सूत्रधार : यह सबकुछ हमारे घर में है ? हँसी तो नहीं कर रहीं ?

नटी : (स्वगत) तो हँसी ही करती हूँ। (प्रकट) हाँ आर्य, सबकुछ है तो सही—बाज़ार में।

सूत्रधार : (क्रोध के साथ) तुम्हारा कुछ न रहे, तुम्हारी कोई कामना पूरी न हो, दुष्टे ! गुलेल के ढेले की तरह आकाश में चढ़ाकर सहसा मुझे नीचे गिरा दिया !

नटी : क्षमा आर्य, क्षमा ! मैं तो परिहास कर रही थी।

सूत्रधार : तो बताओ घर में यह नया आयोजन कैसा है ? यहाँ एक स्त्री मसाला पीस रही है, वहाँ दूसरी माला गूँथ रही है और पाँच रंगों के फूल भूमि की शोभा बढ़ा रहे हैं।

नटी : आर्य, आज मेरा उपवास है।

सूत्रधार : उपवास है ? कौन-सा उपवास ?

नटी : अनुरूप पति पाने के लिए किया जानेवाला उपवास।

सूत्रधार : इस लोक में कि उस लोक में ?

नटी : उस लोक में।

सूत्रधार : (रोषपूर्वक) देखिए, सज्जनवृंद ! मेरे घर का भात उड़ाकर दूसरे

लोक के लिए पति ढूँढ़ा जा रहा है !

नटी : न-न, अप्रसन्न न हों आर्य ! उपवास इसलिए कर रही हूँ कि दूसरे जन्म में भी मुझे आप-जैसा ही पति प्राप्त हो।

सूत्रधार : तुमसे ऐसा उपवास करने को कहा किसने है ?

नटी : आपके वे प्रिय मित्र हैं न चूर्णवृद्ध...उन्होंने।

सूत्रधार : (क्रोध के साथ) उस दासी के बेटे चूर्णवृद्ध ने ?

नटी : आर्य, अप्रसन्न न हों। यह उपवास उस लोक में भी आपको ही पाने के लिए है।

पैरों पर गिरती है।

सूत्रधार : अच्छा, उठ जाओ। यह बताओ कि इस उपवास में किया क्या जाता है ?

नटी : अपनी स्थिति के अनुरूप ब्राह्मण को निमंत्रित किया जाता है।

सूत्रधार : तो तुम चलो। मैं जाकर किसी अनुरूप ब्राह्मण को लेकर आता हूँ।

नटी : जैसी आज्ञा।

चली जाती है।

सूत्रधार : (घूमकर) अब सोचना यह है कि इस वैभवपूर्ण नगरी उज्जयिनी में अपनी स्थिति के अनुरूप ब्राह्मण कैसे मिलेगा !...अरे ! यह चारुदत्त का मित्र मैत्रेय इसी ओर आ रहा है ! इससे पूछता हूँ...आर्य मैत्रेय ! आप आज...हमारे यहाँ भोजन का श्रीगणेश कर सकेंगे ?

नेपथ्य में : नहीं भाई, तुम किसी और ब्राह्मण को बुला लो। मैं इस समय व्यस्त हूँ।

सूत्रधार : आर्य, भोजन तैयार है और साथ में कोई और खानेवाला भी नहीं है। इसके अतिरिक्त कुछ दक्षिणा भी आपको मिल जाएगी...।

फिर

नेपथ्य में : भाई, जब मैंने एक बार मना कर दिया है, तो बार-बार यह व्यर्थ हठ क्यों कर रहे हो ?

सूत्रधार : इसने तो मना कर दिया। अब कोई दूसरा ब्राह्मण ढूँढ़ूँ...।

आमुख

उत्तरीय हाथ में लिये मैत्रेय का प्रवेश

मैत्रेय : कह दिया कि किसी और ब्राह्मण को बुला लो, मैं इस समय व्यस्त

हूँ, हाँ !...आज इस मैत्रेय को भी दूसरों के यहाँ निमंत्रण का अन्न खाने जाना पड़ता है। हाय री अवस्था, तूने तो हमें रूई की तरह धुन दिया ! एक समय था जब आर्य चारुदत्त के पास धन था और मैं रात-दिन परिश्रम से बनाए गए ऐसे मोदकों का भक्षण किया करता था जो पेट में जाकर भी सुगंध देते थे। अंदर चत्वर के द्वार पर बैठा सैकड़ों टोकरियाँ चारों ओर फैलाए इस तरह उन्हें उँगलियों से छू-छूकर छोड़ देता था जैसे एक चित्रकार रंगों की कटोरियों के साथ करता है। नगर के आँगन में साँड की तरह जुगाली किया करता था। आज यही मैं हूँ कि आर्य चारुदत्त के निर्धन हो जाने से जहाँ-तहाँ जाकर भोजन करता हूँ और पालतू कबूतर की तरह रात को सोने के लिए ही यहाँ आता हूँ।...आर्य चारुदत्त के प्रिय मित्र चूर्णवृद्ध ने चमेली की गंध से सुगंधित यह उत्तरीय भेजा है। कहा है कि आर्य चारुदत्त देव-कार्य संपन्न कर चुकें, तो उन्हें दे दूँ। तो चलकर आर्य चारुदत्त को देखूँ। (घूमकर देखता है।)...यह रहे आर्य चारुदत्त ! देव-कार्य संपन्न करके देवताओं की बलि बाँटते हुए इधर ही आ रहे हैं।

वर्णित स्थिति में रदनिका के साथ चारुदत्त का प्रवेश

चारुदत्त : (ऊपर की ओर देखता हुआ दुःखपूर्ण निःश्वास के साथ)

यह वही घर की देहली है
जहाँ कभी हंसों और सारसों की पंक्तियाँ बलि का अन्न खाया करती थीं।
आज यहाँ सूखी घास उगी है
और अंजलि से जो अन्न गिरता है
वह भी कीड़ों का खाया हुआ है।

धीरे-धीरे घूमकर बैठ जाता है।

विदूषक : यह रहे आर्य चारुदत्त ! तो पास चलूँ।...आर्य, कल्याण हो, संपत्ति की वृद्धि हो।

चारुदत्त : मैत्रेय ! मेरे सदा के मित्र ! आओ मित्र, स्वागत है। आसन लो।

विदूषक : जैसी आज्ञा !...मित्र, तुम्हारे प्रिय मित्र चूर्णवृद्ध ने चमेली की गंध से सुगंधित यह उत्तरीय भेजा है। कहा है कि आर्य चारुदत्त देव-कार्य संपन्न कर चुकें, तो उन्हें दे देना।

चारुदत्त उत्तरीय लेकर कुछ सोचने लगता है।

अब तुम सोचने क्या लगे ?

चारुदत्त : मित्र,

दुःख के बाद सुख प्राप्त हो
तो लगता है
जैसे घने अँधेरे में सहसा
दीपक की लौ लहरा उठी हो।
परंतु सुख का अनुभव करके यदि व्यक्ति निर्धन हो जाए,
तो शरीर रहते हुए भी
उसका जीवन
मृत्यु के समान है।

विदूषक : मित्र, मृत्यु और दारिद्र्य में से एक को चुनना हो तो तुम क्या चुनोगे ?

चारुदत्त : देखो मित्र,

मृत्यु और दारिद्र्य, इन दोनों में
मृत्यु ही अधिक वांछनीय है।
मृत्यु का क्लेश अल्पकालिक है !
जबकि दारिद्र्य
अनंत काल का दुःख है।

विदूषक : इतने दुःखी न रहा करो, मित्र ! देवताओं द्वारा पी लिये जाने पर प्रतिपदा का चाँद क्षीण होकर और भी रमणीय हो जाता है, याचकों में धन-वितरण करने से आपकी यह क्षीणता भी वैसे ही है।

चारुदत्त : मित्र, मुझे धन की क्षीणता दुःख नहीं देती। परंतु हृदय में यह सोचकर दाह होता है

कि धन के अभाव में
अतिथियों ने इस घर की ओर आना छोड़ दिया है;
हाथी के कपोलों का गाढ़ा मदजल सूख जाने पर
जैसे मधुकर उसके पास मँडराना छोड़ देते हैं।

विदूषक : मित्र,

ये अधम धन के प्रातराश
बर्रों से डरे हुए ग्वालों के बालकों की तरह हैं।
उसी घर या वन में रहते हैं

जहाँ खाए जाने का डर न हो।

चारुदत्त : मित्र,

सच, धन न रहने की मुझे चिंता नहीं है–
धन का आना और चले जाना भाग्य की बात है।
परंतु धन के नष्ट हो जाने पर लोग मैत्री भी छोड़ देते हैं
यह बात मेरे हृदय को सालती रहती है।

देखो न

दारिद्र्य व्यक्ति के लिए लज्जा का कारण है
और लज्जावश व्यक्ति का तेज तेज नहीं रहता।
निस्तेज व्यक्ति सर्वत्र तिरस्कृत होता है
और तिरस्कार जन्म देता है ग्लानि को।
ग्लानि मन में शोक उपजाती है
और शोक व्यक्ति के विवेक को नहीं रहने देता।
विवेक का नाश सर्वनाश का मार्ग है–
अतः निर्धनता वास्तव में सर्वनाश का मूल है।

विदूषक : मित्र, धन अस्थायी है; उसकी चिंता से संतप्त होना उचित नहीं।

चारुदत्त : मित्र, निर्धनता के कारण

हर समय चिंताएँ घिरी रहती हैं,
शत्रु अपमान करते हैं और नए-नए शत्रु बनने लगते हैं।
मित्र घृणा करते हैं और आत्मीय भी विद्वेष रखने लगते हैं।
स्त्री उपेक्षा करती है
और मन होता है कि वनों में जा रहें।
हृदय में हर समय एक ऐसी आग सुलगती रहती है
जो जलाती नहीं, बस झुलसाती ही है।

मित्र, मैं गृह-देवताओं को बलि अर्पित कर चुका, तुम अब चौराहे पर जाकर मातृकाओं को बलि अर्पित कर आओ।

विदूषक : नहीं, मैं नहीं जाता।

चारुदत्त : क्यों ?

विदूषक : प्रतिदिन पूजा करने से भी जब देवता रूठे रहते हैं, तो उनकी पूजा में क्या रखा है ?

चारुदत्त : नहीं मित्र, ऐसा न करो। यह एक गृहस्थ का नित्यधर्म है।

चित्त से शांत रहकर

बलि अर्पित करते हुए
मन, कर्म और वाणी से
व्यक्ति देव-पूजा करता रहे
तो देवता अवश्य प्रसन्न होते हैं—
इसमें संशय नहीं।

तो जाओ, मातृकाओं को बलि अर्पित कर आओ।

विदूषक : नहीं, मैं नहीं जाता। किसी और को भेज दो। मुझ ब्राह्मण का किया सब उल्टा हो जाता है—दर्पण की छाया की तरह। बायाँ पक्ष दाएँ और दायाँ पक्ष बाएँ। दूसरे, प्रदोष का समय है। इस समय राजमार्ग में गणिकाएँ, विट, चेट तथा राजवल्लभ घूमते रहते हैं। किसी के सामने पड़ गया, तो मारा जाऊँगा। काले साँप को मेंढक न मिले तो मूसा ही सही।...और तुम्हीं यहाँ बैठे-बैठे क्या करोगे ?

चारुदत्त : अच्छा, तो ठहर जाओ। मैं समाधि से निवृत्त हो लूँ।

नेपथ्य में : वसंतसेने, रुक तो सही।

वसंतसेना का प्रवेश। पीछे-पीछे विट, शकार और चेट का प्रवेश।

विट : वसंतसेने, रुक तो सही !

डर के मारे अपनी सुकुमार गति छोड़कर
नृत्यकुशल पैरों को जल्दी-जल्दी रखती हुई
तथा उद्विग्न चंचल दृष्टि से
पीछे की ओर देखती हुई
तू ऐसे चली जा रही है
जैसे व्याध के पीछे लगे रहने पर
चकित हिरणी।

शकार : ठहर वशंतशेने, ठहर !

ठोकरें खाती हुई
तू जा रही है, दौड़ रही है, भाग रही है !
ठहर जा, मुश्करा,
मर तो नहीं जाएगी, बाले !
मेरा तपश्वी हृदय
इश तरह जल रहा है

जैशे अंगारों पर रखा हुआ मांश का टुकड़ा।

चेट : आर्यके, ठहर तो जा !
तू तो मेरी बड़ी बहन है—
फिर ग्रीष्म में पंख फैलाए
डरी हुई मयूरी की तरह
भागी क्यों जा रही है ?
देख, वन कुक्कुट के शावक-जैसा
मेरा स्वामी भट्टारक
तेरे पीछे-पीछे आ रहा है !

विट : वसंतसेने, ठहर-ठहर !
बालकदली की तरह काँपती हुई,
हवा में काँपता हुआ लाल अंशुक ओढ़े,
तू कहाँ जा रही है ?
तेरे चलने से लगता है
चारों ओर लाल कमलों की कोंपलें बिखर रही हैं
या लाल रत्नों की खान को छैनी से छीला जा रहा है।

शकार : रुनन-झुनन, रुनन-झुनन बज रहे हैं आभूषण;
और तू रही है भाग
जैशे राम शे डरी हुई द्रौपदी।
परंतु मैं अभी तेरा अपहरण कर लूँगा
जैशे विश्वावशु की बहन शुभद्रा का अपहरण किया था
हनुमान ने।

चेट : राजवल्लभ की सेवा करो, तो
खाने को मिलेंगे मछली-मांस !
इतना कुछ रहता है इनके घर में
कि कुत्ते भी शव की खोज में नहीं जाते।

विट : भगवति वसंतसेने !
तेरा मुँह ऐसे लाल है
जैसे इस पर लाल मणियों का चूरा मला हो,
अपने कटि-प्रदेश में उज्ज्वल रत्नजटित करधनी पहने,
डरी हुई नगरदेवी की तरह
तू भागकर कहाँ जा रही है ?

वसंतसेना : पल्लवक ! पल्लवक ! परभृतिके ! परभृतिके !

शकार : (डरकर) शुनो पंडित, मनुष्य आ रहे हैं।

विट : डरने की कोई बात नहीं।

वसंतसेना : माधविके ! माधविके !

विट : (हँसकर) देखा मूर्ख ! वह तो अपनी परिचारिकाओं को बुला रही है।

शकार : तो पंडित, श्त्रियों को बुला रही है ?

विट : और क्या ?

शकार : श्त्रियों को तो मैं शौ को मार दूँ, शूर हूँ मैं।

वसंतसेना : (शून्य में देखती हुई) हाय, परिचारिकाएँ भी साथ नहीं रहीं ! तो अपनी रक्षा स्वयं ही करनी होगी।

विट : उन्हें खोज ले न !

शकार : वशंतशेनिके, परभृतिका को पुकार, पल्लवक को पुकार–शारे वशंतमाश को ही पुकार ले ! परंतु मैं तेरे पीछे पड़ा हूँ, तो तेरी रक्षा कौन कर शकता है ?

जमदग्नि का पुत्र भीमशेन कि कुंती का पुत्र रावण ?

देख, अभी मैं दुःशासन की तरह तुझे केशों शे पकड़कर खींचता हूँ।

और देख

मेरी अशी बहुत तीक्ष्ण है

और तेरा मश्तक मेरे हश्त में है–

कहे तो तेरा शिर काट दूँ, कहे तो तेरे प्राण ले लूँ।

तेरा मुझशे भागना व्यर्थ है–

जिश्की मरने की इच्छा हो, वह जी कैशे शकता है ?

वसंतसेना : आर्य, मैं अबला हूँ।

विट : इसीलिए तो तुझे पकड़ रहे हैं।

शकार : और इशीलिए मार नहीं रहे।

वसंतसेना : (स्वगत) इसके तो अनुनय से भी भय लगता है। तो दूसरा उपाय करूँ। (प्रकट) आर्य, आप मुझसे कोई आभूषण चाहते हैं ?

विट : शांति, शांति ! वसंतसेने, उद्यान की लता फूल नहीं चुराती। तू आभूषणों की बात न कर !

शकार : शुनो पंडित ! यह जन्म की दाशी उश दरिद्र चारुदत्त पर अनुरक्त है और मुझे नहीं चाहती। बाईं ओर उश व्यक्ति का घर है–अब

कुछ ऐशा करो जिशशे मेरे हाथों इशकी हत्या न हो।

विट : (स्वगत) मूर्ख वही बात कहता है जो नहीं कहनी चाहिए। वसंतसेना चारुदत्त पर क्यों अनुरक्त है ? ठीक तो है—रत्न की रत्न से शोभा होती है। जाए बेचारी वहाँ—इस मूर्ख का क्या है ! (प्रकट) काणेलीपुत्र, उस सार्थवाह का घर बाईं ओर है ?

शकार : और क्या ? बाईं ओर ही तो है।

वसंतसेना : (स्वगत) आश्चर्य है। यदि सचमुच बाईं ओर उनका घर है, तब तो इस दुष्ट ने अपराध-अपराध में ही मेरा यह उपकार कर दिया कि उनसे भेंट हो सकेगी।

शकार : शुनो पंडित ! इस घने अँधेरे में माष के ढेर में गिरी हुई श्याही की टिकिया की तरह देखते-देखते ही वशंतशेना जाने कहाँ अदृश्य हो गई !

विट : अरे ! कितना घना अंधकार है !

दूर तक देखनेवाली मेरी आँखों को अँधेरे ने इस तरह छा लिया है
कि पलकें खुली होने पर भी मेरी आँखें मुँदी हुई-सी हो रही हैं।

एवं

अंगों को अँधेरे ने लीप दिया है,
और आकाश से जैसे अंजन बरस रहा है।
दृष्टि सहसा ऐसे निष्फल हो गई है
जैसे नीच व्यक्ति की की हुई सेवा।

शकार : शुनो पंडित ! मैं वशंतसेना का अन्वेषण कर रहा हूँ।

विट : काणेलीपुत्र, कुछ सूत्र भी है कि ऐसे ही अन्वेषण कर रहे हो ?

शकार : शूत्र क्या ?

विट : कहीं आभूषणों का शब्द हो, या पुष्पमालाओं की सुगंध हो...!

शकार : अँधेरा है फिर भी नाशिका शे मालाओं की शुगंध तो मैं शुन रहा हूँ, परंतु आभूषणों का शब्द कहीं दिखाई नहीं देता।

विट : (अलग से) वसंतसेने !

मेघ के गर्भ में छिपी हुई विद्युत् की तरह
रात्रि के अंधकार में तू दिखाई नहीं दे रही—
परंतु ऐसा न हो

कि तेरी माला की सुरभि और तेरे नूपुरों का शब्द
तेरी स्थिति का आभास दे दें !
सुना वसंतसेने ?

वसंतसेना : (स्वगत) सुना और समझ भी लिया।

आभूषण और माला उतारने का अभिनय करती है। फिर घूमकर हाथ से टटोलती है।

दीवार को छूने से पता चलता है यह इस घर का पक्षद्वार है। परंतु संयोग से द्वार बंद है।

चारुदत्त : मित्र, मेरा जप तो हो चुका। अब तुम मातृकाओं की बलि ले जाओ।

विदूषक : नहीं, मैं नहीं जाता।

चारुदत्त : कितने कष्ट का विषय है !

पास में धन न हो, तो व्यक्ति के स्वजन भी उसकी बात नहीं मानते;
अच्छे-से-अच्छे मित्र विमुख होने लगते हैं और विपत्तियाँ बढ़ने लगती हैं।
सत्त्व नष्ट हो जाता है, शील का चंद्रमा म्लान होने लगता है;
और जो पाप किसी और का किया हो, वह भी उसके सिर पर आ पड़ता है।

एवं

कोई उसके साथ नहीं चलता, कोई आदर से बात नहीं करता;
वह किसी संपत्तिशाली घर के उत्सव में पहुँच जाए तो कोई उसकी ओर देखता तक नहीं।
अच्छे वस्त्र न रहने से लज्जा के मारे वह स्वयं भले लोगों की दृष्टि से बचकर रहता है;
कहा जा सकता है कि निर्धनता संसार में छठा महापातक है !

एवं

ओ दारिद्र्य !
मित्र समझकर मेरे शरीर को तुमने अपना आवास बनाया है;
मुझे अपनी चिंता नहीं–

चिंता है तो यही
कि मेरे शरीर के नष्ट हो जाने पर
तुम क्या करोगे ? तुम कहाँ जाओगे ?

विदूषक : मित्र, मुझे भेजना ही है, तो साथ में रदनिका को भेज दो।

चारुदत्त : रदनिके, तुम मैत्रेय के साथ जाओ।

चेटी : जैसी आर्य की आज्ञा।

विदूषक : रदनिके, तुम बलि और दीपक हाथ में ले लो। मैं चलकर पक्षद्वार खोलता हूँ।

वसंतसेना : मुझ पर कृपा करके ही जैसे किसी ने पक्षद्वार खोल दिया है। तो अंदर चलूँ। (देखकर) हाय ! दीपक क्यों जल रहा है ?

चारुदत्त : क्या बात है, मैत्रेय ?

विदूषक : द्वार खोलते ही रुकी हुई हवा ने ऐसा हिलोरा दिया कि दीपक बुझ गया। रदनिके, तुम पक्षद्वार से बाहर चलो। मैं अंदर चतुशाल से दीपक जलाकर लाता हूँ।

शकार : शुनो पंडित ! मैं वसंतशेना को ढूँढ़ रहा हूँ।

विट : हाँ-हाँ, ढूँढ़ते रहो, ढूँढ़ते रहो।

शकार : (विट को पकड़कर) लो पंडित, पकड़ लिया उशे।

विट : अरे मूर्ख, यह तो मैं हूँ !

शकार : तो तुम यहाँ एक ओर छिपकर खड़े रहो। (फिर ढूँढ़ते हुए चेट को पकड़कर) लो पंडित, अब पकड़ लिया।

चेट : भट्टारक, यह तो मैं चेट हूँ।

शकार : वह पंडित और यह चेट। पंडित चेट, चेट पंडित। तुम दोनों यहाँ शाथ-शाथ खड़े रहो। (फिर ढूँढ़ते हुए रदनिका को बालों से पकड़कर) पंडित, पंडित ! अब देखो उसे पकड़ लिया...पकड़ लिया वसंतशेना को।

अँधेरे में भाग रही थी,
माल्यगंध शे मैंने पहचान लिया
और पकड़कर इश तरह खींच लिया
जैशे चाणक्य ने खींचा था द्रौपदी को।

विट : ले वसंतसेने,

तू चली थी अपने दर्प में कुलपुत्र से मिलने,
इसी अपराध के कारण

फूलों से सजे हुए सेवनीय केशों से
अब तुझे खींचा जा रहा है।

शकार : बाले, तुझे पकड़ लिया है मैंने
केशों शे, बालों शे, शिरोरुहों शे !
तू चीत्कार कर, चीख, विलाप भी कर,
कह हाय ईश्वर, शिव, शंभु, शंकर !

रदनिका : (डरकर) आर्यमित्र, आप यह क्या कर रहे हैं ?

विट : काणेलीपुत्र, यह तो किसी और ही का स्वर है।

शकार : नहीं पंडित, जैशे मक्खन की भूखी बिल्ली अपना श्वर बदल लेती है, उशी तरह इश दाशीपुत्री ने अपना श्वर बदल लिया है।

विट : इसने स्वर कैसे बदल लिया ? आश्चर्य की बात है ! परंतु आश्चर्य भी क्या है ?

रंगशाला का इसे अनुभव है,
और कलाओं की इसे शिक्षा मिली है।
स्वभाव से चतुर है,
अतः कैसे भी अपना स्वर बदल सकती है।

विदूषक : (आता हुआ) ओह ! रात्रि की हवा से दीपक ऐसे टिमटिमा रहा है जैसे बलिकाष्ठ की ओर ले जाए जा रहे अजापुत्र का हृदय। (पास आकर और रदनिका को देखकर) रदनिके !

शकार : पंडित, पंडित ! मनुष्य आया, मनुष्य !

विदूषक : देखिए, यह बात उचित और संगत नहीं कि आर्य चारुदत्त के निर्धन हो जाने से बाहर के लोग इस तरह इस घर में आने लगें।

रदनिका : आर्य मैत्रेय, देखो मेरा कैसे अपमान हो रहा है।

विदूषक : अपमान तुम्हारा, नहीं हम लोगों का है।

रदनिका : हाँ, आप लोगों का ही तो।

विदूषक : (क्रोधपूर्वक लाठी उठाकर) देखो, हट जाओ। अपने घर में कुत्ता भी शेर होता है, मैं तो ब्राह्मण हूँ। हट जाओ, नहीं तो अपने भाग्य की तरह कुटिल इस लाठी से इस तरह तुम्हारा सिर कूट दूँगा कि घुन खाए सूखे बाँस की तरह बज उठेगा।

विट : क्षमा कर महाब्राह्मण, क्षमा कर !

विदूषक : (विट को देखकर) अपराधी यह नहीं...(शकार को देखकर) यह अपराधी है। अरे राजा के श्यालक, संस्थानक, दुर्जन, दुर्मनुष्य,

यह बात ठीक नहीं। माना कि आर्य चारुदत्त अब निर्धन हो गए हैं परंतु उनके गुणों से उज्जयिनी की जो श्रीवृद्धि हुई है, उसे क्या भूला जा सकता है ? तू उनके घर में प्रवेश करके उनकी एक परिचारिका के साथ इस तरह का व्यवहार कर रहा है ?

किसी की हीनता को देखकर उसका तिरस्कार करना ठीक नहीं–
यमराज के यहाँ धन की हीनता नहीं गिनी जाती।
वहाँ जानेवाला चाहे कितना भी धनाढ्य हो,
यदि वह चरित्र से हीन है तो उसे हीन गति ही प्राप्त होगी।

विट : (लज्जित भाव से) क्षमा कर महाब्राह्मण ! किसी अन्य के भ्रम यह घटना हुई। दर्प के कारण नहीं। देख,
खोज रही है हमारी कामना...

विदूषक : किसे ? इसे ?

विट : ऐसी पाप की बात मत कह। मैं सर्वथा तेरे सामने विनत हूँ।

तलवार छोड़कर हाथ जोड़े हुए उसके पैरों पर पड़ता है।

विदूषक : उठो-उठो, तुम बहुत भले आदमी हो। मैंने अनजाने में तुमसे बुरा-भला कह दिया। अब मुझे पता चल गया है, इसलिए तुम्हारे सामने मैं विनत होता हूँ।

विट : नहीं-नहीं, विनत तो मैं ही हूँ। अब मैं उठूँगा एक आश्वासन पाकर।

विदूषक : क्या आश्वासन ?

विट : कि यह बात आर्य चारुदत्त के कानों तक नहीं पहुँचेगी।

विदूषक : अच्छा, नहीं पहुँचेगी।

विट : ब्राह्मण,

तू निःशस्त्र है और हम लोग सशस्त्र हैं।
फिर भी तूने अपने गुणों से हमें जीत लिया है।
तेरी यह अनुकंपा
मैं सिर पर धारण करता हूँ।

शकार : (सक्रोध) क्यों पंडित, इश तरह हाथ जोड़कर इश दुष्ट ब्राह्मण के पैरों पर गिर रहे हो ?

विट : मुझे डर लगता है।

शकार : किशशे डर ?

विट : आर्य चारुदत्त के गुणों से!

शकार : क्या गुण हैं उशमें ? घर में खाना तक तो है नहीं।

विट : यह बात नहीं।

हमारे जैसे लोगों पर कृपा करने से
वह व्यक्ति धनहीन हो गया है–
धन रहते उसने किसी की अवमानना नहीं की।
याचकों की तृष्णा मिटाकर अब वह ऐसे सूख गया है
जैसे भरा हुआ सरोवर ग्रीष्म की धूप में सूख जाता है।

शकार : अरे, वह जन्मदाशी का पुत्र है कौन ?

वीर पराक्रमी पांडव, या राधा का पुत्र श्वेतकेतु ?
राम और कुंती की शंतान अश्वत्थामा, या धर्मपुत्र जटायु ?

विट : मूर्ख, वह आर्य चारुदत्त है।

निर्धनों की कामनाएँ पूरी करनेवाला कल्पवृक्ष,
सज्जनों का कुटुंबी, शिक्षितों का आदर्श,
सच्चरित्र की कसौटी तथा सदाचार का सागर।
एक वही है जो सब गुणों का आश्रय तथा हृदय से इतना
सीधा और
उदार है।
वह अकेला ही वास्तव में जी रहा है–
और लोग तो बस साँस ही लेते हैं।

तो आ, इधर से चलें।

शकार : वशंतशेना को शाथ लिये बिना ही ?

विट : वसंतसेना चली गई है।

शकार : कैशे ?

विट : अंधे की दृष्टि की तरह, रोगी की शक्ति की तरह,
मूर्ख की बुद्धि की तरह और आलसी की वृद्धि की तरह;
तेरे हाथ में आकर भी
शत्रु की प्रीति की तरह
वह निकलकर चली गई है।

शकार : मैं वशंतशेना को शाथ लिये बिना नहीं जाऊँगा।

विट : तो ठीक है, मैं जाता हूँ।

चला जाता है।

शकार : पंडित की तो इति हो गई। (विदूषक से) अरे काकपादूमश्तक, दुष्ट ब्राह्मण, यहाँ नीचे बैठ।

विदूषक : हमें तो पहले ही नीचे बिठा दिया है।

शकार : किशने बिठाया है ?

विदूषक : भाग्य ने।

शकार : तो जल्दी से उठ जा।

विदूषक : हाँ, उठेंगे।

शकार : कब ?

विदूषक : जब फिर भाग्य साथ देगा।

शकार : तो शुन, तू अब रो दे।

विदूषक : हमें तो पहले ही रोना पड़ रहा है।

शकार : कौन रुला रहा है ?

विदूषक : हमारी दुर्गति।

शकार : तो तू जल्दी शे हँश दे।

विदूषक : हँसेंगे।

शकार : कब ?

विदूषक : जब आर्य चारुदत्त के अच्छे दिन फिर आएँगे।

शकार : अरे दुष्ट वटुक ! जा मेरी ओर शे उश कँगले चारुदत्त शे कह दे कि शोने और शुवर्ण के आभूषणों शे लदी हुई, नया-नया नाटक देखकर आई हुई शूत्रधारी-जैशी वह वशंतशेना तुम पर अनुरक्त है। अभी-अभी हम उशशे अनुनय कर रहे थे कि वह तुम्हारे घर में प्रवेश कर गई। उशे यदि श्वयं लाकर मेरे हाथों में शौंप दो, तो मैं न्यायालय में अभियोग भी नहीं करूँगा और आपश में तुम्हारा-हमारा प्रेम-शंबंध भी श्थापित हो जाएगा। यदि ऐशा नहीं करोगे, तो मृत्युपर्यंत हम एक-दूसरे के शत्रु रहेंगे। यह श्मरण रखो कि

गोबर से लथपथ कुम्हड़ा,
शूखा शान, तला हुआ मांश और हेमंत की रात का पका हुआ भात–
बहुत शमय बीतने पर भी ये बाशी नहीं होते।

ठीक शे कहना हाँ, और अधिक शमय नहीं लेना। और ऐशे कहना जिशशे राजप्राशाद के नए हाथी के हौदे में बैठा-बैठा मैं

शब शुन शकूँ। यदि नहीं कहेगा, तो मैं तेरा शिर इस तरह मशल दूँगा जैशे किवाड़ के नीचे कैथ का फल मशला जाता है।

विदूषक : मैं कह दूँगा।

शकार : चेट, पंडित शचमुच चला गया ?

चेट : हाँ, चला गया।

शकार : आ, हम लोग भी शीघ्रता शे निकल चलें।

चेट : तो भट्टारक, आप यह तलवार ले लें।

शकार : इशे तू अपने पाश रख।

चेट : यह आपकी तलवार है भट्टारक ! इसे आप ही रखें।

शकार : (तलवार उल्टी पकड़कर)

मूली की तरह शफेद और उजली, कोश में बंद,
तलवार लिये कंधे पर
इश तरह भाग रहा हूँ मैं
जैशे भागता है गीदड़
कुत्ते-कुत्तियों के पीछे शे भौंकने पर।

चेट के साथ घूमकर निकल जाता है।

विदूषक : देखो रदनिके, आर्य चारुदत्त से अपने इस अपमान की बात न कहना। अपनी दुरवस्था से वह पहले ही दुःखी हैं, इससे उनका दुःख और भी बढ़ जाएगा।

रदनिका : आर्य मैत्रेय, आप जानते हैं रदनिका वाणी पर संयम रख सकती है।

विदूषक : हाँ-हाँ, जानता क्यों नहीं ?

चारुदत्त : (वसंतसेना को लक्ष्य करके) रदनिके, देखो रोहसेन वायु-सेवन के लिए बाहर निकला है, संध्या उतर आने से उसे ठंड न लग जाए। जाकर उसे अंदर ले आओ और यह उत्तरीय उसे लपेट दो।

वसंतसेना : (स्वगत) क्या मुझे अपनी परिचारिका समझ रहे हैं ? (उत्तरीय लेकर सूँघती हुई स्पृहापूर्वक) इसमें तो चमेली के फूलों की गंध बसी हुई है। तो अभी तक इनका यौवन उदासीन नहीं हुआ।

चारुदत्त : रदनिका, मैंने कहा है रोहसेन को लेकर अंदर चली जाओ।

वसंतसेना : (स्वगत) आपके घर के अंदर प्रवेश करने की अधिकारिणी मैं

नहीं हूँ।

चारुदत्त : क्या बात है, रदनिके ? उत्तर भी नहीं देती...ओह !
दैववश व्यक्ति का भाग्य जब क्षीण हो जाता है,
तो उसके मित्रों की मित्रता नहीं रहती,
और दिनों से अनुरक्त लोगों का अनुराग भी छूट जाता है।

विदूषक : (रदनिका के समीप जाकर) मित्र, यह रही रदनिका।

चारुदत्त : रदनिका यह है तो वह दूसरी कौन है ?
अपरिचिता वह
जिसे अपना पहना हुआ वस्त्र देकर
मैंने दूषित कर दिया है–

वसंतसेना : (स्वगत) दूषित नहीं भूषित।

चारुदत्त : और जो लग रही है
शरत्कालीन मेघ से ढकी हुई चंद्रलेखा-जैसी !
परंतु परायी स्त्री की ओर देखना उचित नहीं।

विदूषक : मित्र, तुम किसी परायी स्त्री की ओर नहीं देख रहे। यह तो वसंतसेना है।

चारुदत्त : अरे, यह वसंतसेना है ?
(स्वगत) वैभव विनाश के समय
इसने हृदय में जो कामना जगा दी है
वह मेरे अंगों में उसी तरह मुरझाई जाती है
जैसे एक असमर्थ व्यक्ति की क्रोध भावना।

विदूषक : मित्र, राजा के साले ने एक बात कही है।

चारुदत्त : क्या बात ?

विदूषक : उसने कहा है कि, सोने और सुवर्ण के आभूषणों से लदी हुई नया-नया नाटक देखकर आई हुई सूत्रधारी-जैसी वसंतसेना तुम्हारी ओर आई है। अभी-अभी हम लोग उससे अनुनय कर रहे थे कि वह तुम्हारे घर में प्रवेश कर गई।
...उसे यदि स्वयं लाकर मेरे हाथों में सौंप दो, तो मैं न्यायालय में अभियोग भी नहीं करूँगा और आपस में तुम्हारा-हमारा प्रेम-संबंध भी स्थापित हो जाएगा। यदि ऐसा नहीं करोगे, तो मृत्युपर्यंत हम एक-दूसरे के शत्रु रहेंगे।

चारुदत्त : (अवज्ञापूर्वक) मूर्ख है वह ! (स्वगत) सचमुच देवता की तरह

उपासना के योग्य है वह युवती। उस समय
मैंने घर के अंदर जाने को कहा, तो भी
मेरी भाग्यदशा को देखकर यह अंदर नहीं गई।

(प्रकट) वसंतसेने, अनजाने में तुमसे परिचारिका का-सा व्यवहार करने के कारण मैं अपराधी हूँ, इसलिए सिर झुकाकर खेद प्रकट करता हूँ।

वसंतसेना : आर्य, अपराधिनी मैं हूँ जो बिना अधिकार के यह देहली लाँघ आई हूँ। इसलिए मैं सिर झुकाकर क्षमा चाहती हूँ।

विदूषक : भाई वाह ! एक-दूसरे को प्रणाम करने में दोनों के सिर ऐसे मिल गए जैसे धान के साथ धान की मेड़ें। तो लीजिए मैं भी ऊँट के कूबड़-जैसे अपने सिर से आप दोनों को प्रणाम करता हूँ। (उठ खड़ा होता है)

चारुदत्त : आप यह विनम्रता छोड़िए।

वसंतसेना : (स्वगत) इनके शब्दों में कितनी चातुरी और मधुरता है ! परंतु आज इस परिस्थिति में यहाँ अधिक ठहरना उचित नहीं। तो यह बात कह सकती हूँ। (प्रकट) आर्य, आप मुझ पर अनुग्रह कर सकें, तो मैं यह आभूषण आपके यहाँ छोड़ जाना चाहती हूँ। इन आभूषणों के लिए ही वे दुष्ट मेरा पीछा कर रहे थे।

चारुदत्त : परंतु धरोहर के लिए यह घर उचित स्थान नहीं है।

वसंतसेना : यह आपने ठीक नहीं कहा, आर्य ! धरोहर व्यक्ति को सौंपी जाती है, घर को नहीं।

चारुदत्त : मैत्रेय, आभूषण ले ले।

वसंतसेना : मैं बहुत अनुगृहीत हूँ।

आभूषण देती है।

विदूषक : (आभूषण लेकर) तुम्हारा कल्याण हो।

चारुदत्त : छिः मूर्ख ! यह तो धरोहर है।

विदूषक : (अलग से) यदि ऐसा है, तो इसे चोर ही ले जाएँ तो अच्छा है।

चारुदत्त : बहुत शीघ्र ही यह होना चाहिए...

विदूषक : ...कि इसे...इस धरोहर को...?

चारुदत्त : कि इस धरोहर को आप लौटा ले जाएँ।

वसंतसेना : आर्य, मैं चाहूँगी कि ये आर्य साथ चलकर मुझे घर तक पहुँचा आएँ।

चारुदत्त : मैत्रेय, जा इनके साथ चला जा।

विदूषक : देखो, इसके साथ चलते राजहंस-जैसे तुम्हीं शोभा पाते हो। मैं ब्राह्मण हूँ। चौक में जाने किस-किसने क्या-क्या चढ़ा रखा होगा ! मैं वह सब खा-खाकर कुत्ते की मौत मर जाऊँगा।

चारुदत्त : तो ठीक है। मैं ही जाकर इन्हें छोड़ आता हूँ। ऐसी दीपिकाएँ जला दे जो राजमार्ग में भी जलती रह सकें।

चेट[1] : (अलग से) दीपिकाएँ क्या बिना तेल के ही जल जाएँगी ?

विदूषक : (अलग से) बंधु, अपनी दीपिकाओं में अब उतना स्नेह नहीं है।

चारूदत : रहने दे मैत्रेय, दीपिकाओं की आवश्यकता नहीं। देख न

नक्षत्रों से घिरा हुआ चाँद
राजमार्ग को प्रदीप्त करता हुआ उदित हो आया है।
इसकी गौर किरणें
अँधेरे में इस तरह फैल रही हैं
जैसे सूखे पंक में
दूध की धाराएँ।

(अनुरागपूर्ण स्वर में) वसंतसेने, वह आपका घर है। आप अंदर चली जाएँ।

वसंतसेना अनुरागपूर्ण दृष्टि से उसे देखती हुई चली जाती है।

मित्र, वसंतसेना चली गई। तो चल, हम भी घर लौट चलें।

राजमार्ग सूना है
केवल प्रहरी आ-जा रहे हैं।
हमें चोरों से बचना चाहिए
क्योंकि रात्रि में कुछ भी अनर्थ हो सकता है।

(घूमकर) इस स्वर्णाभूषण की रखवाली रात को तुझे करनी होगी और दिन में वर्द्धमानक को।

विदूषक : जैसी आपकी आज्ञा।

दोनों चले जाते हैं।

मृच्छकटिक के अंतर्गत अलंकार विन्यास नामक प्रथम अंक।

---

1. चारुदत्त का चेट वर्द्धमानक जिसके प्रवेश या उपस्थिति का पहले संकेत नहीं है। सुविधा की दृष्टि से यह वाक्य रदनिका से बुलवाया जा सकता है।–(अनु.)

अंक : दो

चेटी : (आती हुई) माँ ने संदेश देकर आर्या के पास भेजा है। तो अंदर आर्या के पास चलूँ। (घूमकर और देखकर) आर्या ये बैठी हैं। मन लगाए जाने क्या लिख रही हैं ! तो पास चलूँ।

उत्कंठित भाव से आसन पर बैठी वसंतसेना का प्रवेश। पास में मदनिका बैठी है।

वसंतसेना : हाँ, फिर क्या हुआ ?

चेटी (मदनिका[1]) : आर्ये, आप बात तो कुछ करती नहीं, बस 'फिर क्या हुआ' कहे जाती हैं।

वसंतसेना : क्या कहा है मैंने ?

चेटी (मदनिका): 'फिर क्या हुआ' ?

वसंतसेना : (भौंहें तिरछी करके) हाँ, ऐसा ?

पहली चेटी : (पास आकर) आर्ये, माँ ने आदेश दिया है कि स्नान करके आप देव-पूजा कर लें।

वसंतसेना : दासी, माँ से कह दे कि मैं आज स्नान नहीं करूँगी। वे ब्राह्मण से पूजा करा लें।

चेटी : जैसी आज्ञा।

चली जाती है।

मदनिका : आर्ये, मैं आपको दोष नहीं देती, केवल स्नेहवश पूछती हूँ कि आपको क्या हुआ है ?

वसंतसेना : क्यों ? तुझे क्या दिखाई देता है ?

मदनिका : आपकी अन्यमनस्कता में तो लगता है कि आपका हृदय किसी की कामना में डूबा हुआ है।

वसंतसेना : तेरा अनुमान ठीक है। तू मदनिका है न—दूसरों के हृदय की बात

1. कोष्ठ अनुवादक की ओर से।

परख लेती है।

मदनिका : तब तो यह बहुत प्रसन्नता की बात है। तो बताइए वह कौन है जिस पर इस बार के महोत्सव में आपकी कृपा हुई है ? किसी राजा की सेवा करने जा रही हैं या राजवल्लभ की ?

वसंतसेना : मेरी इच्छा सेवा की नहीं है।

मदनिका : तो क्या विशेष विद्या पाकर आए हुए किसी ब्राह्मण युवक के प्रति आप आकृष्ट हुई हैं ?

वसंतसेना : ब्राह्मण मेरे लिए पूजनीय हैं।

मदनिका : तो क्या नगर-नगर घूमकर संपत्ति का विस्तार करके आया हुआ कोई वणिक्पुत्र है ?

वसंतसेना : नहीं-नहीं। वणिक्पुत्र तो स्नेह-पारावार को भूलकर विदेश चले जाते हैं।

मदनिका : तो न राजा है, न राजवल्लभ। न ब्राह्मण है, न वणिक्पुत्र ! फिर वह है कौन जिसके लिए आपके मन में अभिलाषा जागी है ?

वसंतसेना : तू मेरे साथ कामदेवायतनोद्यान में गई थी न...!

मदनिका : तो मैं समझ गई।

वसंतसेना : फिर इस तरह तटस्थ होकर मुझसे क्यों पूछ रही है ?

मदनिका : अब समझ लिया न ! ये वही तो हैं जिन्होंने आपको अपनी शरण में लिया था !

वसंतसेना : अच्छा, तू नाम बता।

मदनिका : वही जो श्रेष्ठियों के चत्वर में रहते हैं।

वसंतसेना : मैं नाम पूछ रही हूँ।

मदनिका : स्वनामधन्य आर्य चारुदत्त।

वसंतसेना : (सोल्लास) सच मदनिके, कितना सही अनुमान है तेरा !

मदनिका : (स्वगत) तो यह बात है ! (प्रकट) परंतु आर्ये, वे तो सुना है कि सर्वथा निर्धन हैं।

वसंतसेना : यही तो मेरी कामना का कारण है। निर्धन व्यक्ति पर आसक्ति रखने से मैं निंदनीय नहीं समझी जाऊँगी।

मदनिका : परंतु आर्ये, आम के बौर छूट जाने पर क्या मधुकरियाँ उस पर मँडराती हैं ?

वसंतसेना : इसीलिए तो उन्हें मधुकरियाँ कहते हैं।

मदनिका : तो आप उनसे मिलने क्यों नहीं जातीं ?

वसंतसेना : सोचती हूँ कि इस प्रकार जाने से यह न हो कि प्रतिदान की शक्ति न होने से वे आगे से अपना मुँह भी न दिखाएँ।

मदनिका : तो क्या इसीलिए अपना आभूषण उनके पास छोड़ आई थीं ?

वसंतसेना : तेरा यह अनुमान भी सही है।

नेपथ्य में : भट्टारक ! भट्टारक ! दस स्वर्ण-मुद्राओं के लिए रोककर रखा हुआ जुआरी भाग निकला है। पकड़ो, पकड़ो। ठहर...ठहर तू ! मैं दूर से ही तुझे देख रहा हूँ।

उसी यवनिका पर संवाहक का प्रवेश;
वह बहुत घबराया हुआ है।

संवाहक : जुआ खेलने में सौ विपत्तियाँ हैं ! आश्चर्य है कि

कौड़ी ने आज मुझे ऐसी मार दी है
जैस बंधन से नई-नई खुली हुई
गधी ने दुलत्ती झाड़ दी हो।
कर्ण की शक्ति ने जैसे घटोत्कच का संहार किया था।
वैसे ही आज शुक्ति ने मेरा संहार कर दिया है।
द्यूताध्यक्ष को गणना में लगे देखकर
मैं झट से वहाँ से भाग निकला।
अब मार्ग तक तो पहुँच गया हूँ–
आगे किसकी शरण जाऊँ !

जब तक ये द्यूताध्यक्ष और द्यूतकर मुझे अन्यत्र ढूँढ़ रहे हैं, तब तक मैं उलटे पैरों शून्य-मंदिर में प्रवेश करके देवी का रूप ग्रहण कर लेता हूँ।

कई तरह नाट्य करके उस स्थिति में
खड़ा हो जाता है। माथुर
तथा द्यूतकर का प्रवेश

माथुर : भट्टारक ! भट्टारक ! दस स्वर्ण-मुद्राओं के लिए रोका हुआ जुआरी भाग निकला है। पकड़ो, पकड़ो। ठहर...ठहर तू। मैं दूर से ही तुझे देख रहा हूँ।

द्यूतकर :

पाताल में चला जा
या इंद्र के शरण में;
द्यूताध्यक्ष के अतिरिक्त
शिव भी तेरी रक्षा नहीं कर सकते।

माथुर : द्यूताध्यक्ष को ठगकर
भय से काँपता हुआ
तू कहाँ-कहाँ जाएगा ?
पग-पग पर फिसलता हुआ
कुल की कीर्ति को क्यों कलंकित कर रहा है ?

द्यूतकर : (पदचिह्न देखकर) यहाँ तक पदचिह्न हैं, आगे नहीं हैं।

माथुर : (देखकर सोचता हुआ) अरे उलटे पदचिह्न ! मंदिर तो प्रतिमा-शून्य है। (निश्चय पर पहुँचकर) वह धूर्त्त जुआरी उलटे पैरों मंदिर में प्रवेश कर गया है।

द्यूतकर : तो चलो पीछे चलें।

माथुर : आओ।

दोनों मंदिर में प्रवेश करने का अभिनय करते हैं। फिर देखकर एक-दूसरे को संकेत करते हैं।

द्यूतकर : यह क्या काठ की प्रतिमा है ?

माथुर : अरे नहीं, पत्थर की है। (उसे तरह-तरह से हिलाकर और निश्चय पर पहुँचकर) हाँ, ठीक है। आओ, हम लोग जुआ खेलें।

जुआ खेलने लगते हैं।

संवाहक : (खेलने की इच्छा को कठिनाई से रोके हुए, स्वगत) अरे !
नगाड़े का शब्द
जिस तरह राजच्युत राजा के मन को विचलित कर देता है,
उसी तरह
कौड़ियों का शब्द
धनहीन जुआरी के मन में हलचल भर देता है।
जानता हूँ खेलना असंभव है
क्योंकि वह होगा सुमेरु के शिखर से नीचे गिरने की तरह।
फिर भी कोयल के शब्द की तरह मीठा
कौड़ियों का शब्द
मन को दोलायित कर रहा है।

द्यूतकर : अब दाँव मेरा है।

माथुर : नहीं, मेरा है।

संवाहक : (सहसा पास आकर) नहीं-नहीं, मेरा है।

द्यूतकर : लो पकड़ लिया इसे।

माथुर : (पकड़कर) अरे भगोड़े, अब तू पकड़ा गया। अब दे मेरी दस स्वर्ण-मुद्राएँ।

संवाहक : आज दे दूँगा।

माथुर : अभी दे न !

संवाहक : कह रहा हूँ दे दूँगा, मान जाओ।

माथुर : अभी दे, इसी समय।

संवाहक : लो, मैं अपना सिर तुम्हारे पैरों में रखता हूँ।

नीचे पड़ जाता है। दोनों उसे मारते हैं।

माथुर : तू जुआरियों की मंडली के नियमों से बँधा है।

संवाहक : (उठकर विषादपूर्वक) जुआरियों की मंडली के नियमों से। हाँ, हम जुआरी इन नियमों का उल्लंघन नहीं कर सकते। परंतु मैं मुद्राएँ दूँ कहाँ से ?

माथुर : तो थोड़ी-थोड़ी करके दे।

संवाहक : यह बात ठीक है। (द्यूतकर के पास जाकर) आधी मुद्राएँ मैं दे देता हूँ, आधी तुम छोड़ दो।

द्यूतकर : अच्छी बात है, ला।

संवाहक : (माथुर के पास जाकर) आधी मुद्राएँ देने के लिए मैं वचन दे रहा हूँ, आधी तुम छोड़ दो।

माथुर : अच्छा कोई बात नहीं, ऐसा ही सही।

संवाहक : (प्रकट) आधी मुद्राएँ तुमने छोड़ दीं ?

माथुर : हाँ, छोड़ दीं।

संवाहक : (द्यूतकर से) आधी तुमने छोड़ दीं ?

द्यूतकर : हाँ, छोड़ दीं।

संवाहक : तो मैं अब चलता हूँ।

माथुर : अरे दस मुद्राएँ निकाल, जाता कहाँ है ?

संवाहक : देखो सज्जनो ! अभी-अभी आधी मुद्राएँ देने का मैंने वचन दिया है और आधी इन्होंने छोड़ दी हैं। फिर भी जाने क्यों मुझे रोक रहे हैं ?

माथुर : (पकड़कर) धूर्त्त, मैं माथुर हूँ। इतना कच्चा नहीं हूँ। मैं इस समय तेरे साथ धूर्त्तता नहीं कर रहा। तू दंड की दस मुद्राएँ मुझे दे दे।

संवाहक : पर दूँ कहाँ से ?

माथुर : चाहे जाकर अपने पिता को बेच, कैसे भी दे।

संवाहक : पर मेरा पिता कहाँ है ?

माथुर : तो जाकर माता को बेच।

संवाहक : माता भी कहाँ है ?

माथुर : तो अपने-आपको बेच।

संवाहक : ठीक है। कृपा करके मुझे राजमार्ग पर ले चलिए।

माथुर : चल।

संवाहक : चलिए। (घूमकर) सज्जनो ! दस मुद्राएँ देकर इस द्यूताध्यक्ष से मुझे मोल ले लीजिए। (आकाश की ओर देखकर) क्या कहा ? 'क्या काम करेगा ?' घर का सब काम करूँगा। अरे, बिना उत्तर दिए ही चल दिए ? अच्छा, तो दूसरे से पूछता हूँ। लो ये भी उपेक्षा दिखाकर चले गए। आज आर्य चारुदत्त के पास धन नहीं है, इसलिए मुझ मंद-भाग्य की यह दशा है।

माथुर : अब दे न !

संवाहक : कहाँ से दूँ ?

नीचे पड़ जाता है। माथुर उसे खींचने लगता है।

संवाहक : बचाओ लोगो, बचाओ !

दर्दुरक का प्रवेश

दर्दुरक :

जुआ खेलना बिना सिंहासन के राज्य पा लेना है।
किसी द्वारा अनादर की चिंता नहीं,
प्रतिदिन कितना ही धन आता है और चला जाता है।
हर समय और धन पाने की इच्छा है,
और बड़े-बड़े धनिक आसपास घूमते रहते हैं—
फिर जुआरी राजा नहीं तो क्या है ?

एवं

पैसा मिला जुए में !
मित्र मिले जुए में !
खाया-पिया जुए में !
और सबकुछ खोया जुए में !

एवं

तिकड़ी ने सबकुछ छीन लिया

और दुकड़ी ने लहू ही सुखा दिया।
अपनी शपथ से टूटा हुआ
जीतनेवाले से जान छुड़ाकर
किसी तरह मैं बचकर आया हूँ।

(आगे देखकर) यह अपना पुराना द्यूताध्यक्ष माथुर इधर को आ रहा है। अब भाग तो नहीं सकता, यहीं छिपकर खड़ा हो रहता हूँ।

छिपने का नाट्य करके खड़ा हो जाता है।

(अपने उत्तरीय को देखकर)

तार-तार यह वस्त्र
सौ-सौ छिद्रों से आभूषित है।
शरीर ढकने में असमर्थ
यह तह किया ही अच्छा है !
यों यह बेचारा करेगा भी क्या ?
एक पैर धरती पर रखे, दूसरा आकाश में उठाए
सूर्यास्त होने तक
मैं लंबा होकर खड़ा रह सकता हूँ।

माथुर : दे न !

संवाहक : कहाँ से दूँ ?

माथुर उसे खींचता है।

दर्दुरक : अरे, यह सामने क्या हो रहा है ? (आकाश की ओर देखकर) क्या कहा ? कि 'द्यूताध्यक्ष इस जुआरी की दुर्गति कर रहा है और कोई उसे छुड़ाता नहीं ?' तो मैं दर्दुरक जाकर उसे छुड़ाता हूँ। (पास जाकर) हटिए, हटिए ! (देखकर) अरे, यह तो धूर्त्त माथुर है और यह है बेचारा संवाहक !

वह दुबला और कोमलकाय व्यक्ति
क्या जुआ खेलेगा
जो नतमस्तक हो
सूर्यास्त होने तक
एक पैर पर खड़ा नहीं रहा,
जिसकी पीठ
नुकीले पत्थरों पर घसीटे जाने से

बार-बार छीली नहीं गई,
और जिसकी जाँघों का मांस कितनी ही बार—
कुत्तों ने काट-काटकर नहीं खाया ?
अच्छा, माथुर को तो शांत करूँ। (पास जाकर) प्रणाम करता हूँ माथुर !

माथुर भी अभिवादन करता है।

यह क्या हो रहा है ?

माथुर : इसकी ओर मेरी दस मुद्राएँ निकलती हैं।

दर्दुरक : यह तो बहुत ही तुच्छ राशि है।

माथुर : (दर्दुरक की काँख से उत्तरीय खींचकर) सज्जनो ! फटे चीथड़े पहने यह व्यक्ति दस मुद्राओं को तुच्छ राशि बताता है।

दर्दुरक : अरे मूर्ख, तेरी ये दस मुद्राएँ मेरे ऊपर नहीं। जिसके पास धन होता है, वह उसे गोदी में तो नहीं लिये फिरता !
दस मुद्राओं के लिए तेरा यह व्यवहार
जैसे कि तू मरा जा रहा है !
और पूरी पाँच इंद्रियों से युक्त,
एक पुरुष की तू जान ले रहा है !

माथुर : भगवन्, आपके लिए दस मुद्राएँ तुच्छ हैं। मेरी तो वे पूरी संपत्ति हैं।

दर्दुरक : तो ऐसा कर, कि इसे दस मुद्राएँ और दे दे जिससे यह तेरे साथ जुआ खेल सके।

माथुर : इससे क्या होगा ?

दर्दुरक : जीत जाएगा तो तेरी मुद्राएँ दे देगा।

माथुर : और नहीं जीतेगा तो ?

दर्दुरक : तो नहीं देगा।

माथुर : यह बक-झक मत कर। इतनी बातें जो कर रहा है, तो तू ही क्यों नहीं दे देता ? मेरा नाम माथुर है। यों ही जुआ नहीं खेलता। और मैं किसी अच्छे-भले व्यक्ति से भी नहीं डरता, तू तो है ही चरित्रहीन।

दर्दुरक : कौन चरित्रहीन है ?

माथुर : तू चरित्रहीन है।

दर्दुरक : चल-चल चरित्रहीन कहनेवाला !

संवाहक से निकल जाने के लिए संकेत करता है।

माथुर : अरे चतुर ! तू इसी तरह जुआ खेलता है ?

दर्दुरक : हाँ, मैं इसी तरह जुआ खेलता हूँ।

माथुर : देख संवाहक, मेरी दस मुद्राएँ दे दे।

संवाहक : जब कह दिया है कि आज दे दूँगा, तो दे ही दूँगा।

माथुर उसे खींचता है।

दर्दुरक : देख, आँख की ओट में तू चाहे जो कर, मेरे सामने तू यह व्यवहार नहीं कर सकता।

माथुर संवाहक को खींचकर उसकी नाक पर मुक्का मारता है। संवाहक के लहू निकल आता है और वह मूर्च्छा का अभिनय करता हुआ गिर जाता है। दर्दुरक दोनों के बीच में आ जाता है। माथुर दर्दुरक को मारने लगता है। दर्दुरक उसे मारने लगता है।

माथुर : नीच ! अधम ! देखना तुझे इसका क्या फल मिलता है !

दर्दुरक : अरे तूने आज मुझे यहाँ रास्ते में मार लिया है, कल न्यायालय में मारे तो देखना।

माथुर : देख लूँगा।

दर्दुरक : देख लेगा ! कैसे देख लेगा ?

माथुर : (आँख फाड़कर) ऐसे !

दर्दुरक माथुर की आँखों में धूल डाल देता है और संवाहक को भाग जाने के लिए संकेत करता है। माथुर आँख पर हाथ रखे हुए नीचे गिर जाता है। संवाहक भाग जाता है।

दर्दुरक : (स्वगत) आज प्रधान द्यूताध्यक्ष ने माथुर से झगड़ा मोल ले लिया। अब यहाँ रहना उचित नहीं। मेरे प्रिय मित्र शर्विलक ने कहा था, ज्योतिषियों का कहना है कि ग्वालों का बालक आर्यक राजा बनेगा। इसलिए हम-जैसे सब लोग उसका अनुसरण कर रहे हैं। तो मैं भी उसी के पास चलता हूँ।

चला जाता है।

संवाहक : (भयपूर्वक इधर-उधर घूमकर और आगे देखकर) सामने किसी

के घर का द्वारा खुला है। इसके अंदर चला जाता हूँ। (प्रवेश करने का अभिनय करके और वसंतसेना को देखकर) आर्ये, मैं आपकी शरण में हूँ।

वसंतसेना : शरणागत को कोई भय नहीं होना चाहिए। दासी, पक्षद्वार बंद कर दे।

मदनिका द्वार बंद कर देती है।

तुझे किससे भय है ?

संवाहक : धनिक से।

वसंतसेना : दासी, द्वार में साँकल लगा दे।

संवाहक : (स्वगत) क्या मेरी तरह यह भी धनिकों से डरी हुई है ? सच तो है

यदि व्यक्ति अपनी सामर्थ्य के अनुसार भार उठाकर चले
तो न तो उसे गिरना पड़ता है
और न ही दुर्गम मार्गों में जाकर उसका विनाश होता है।

लगता है यहाँ भी मुझे देख लिया गया है।

माथुर : (आँखें मलकर द्यूतकर से) अरे, मेरी मुद्राएँ।

द्यूतकर : स्वामी, दर्दुरक जब हमसे कलह कर रहा था, तो वह व्यक्ति भाग गया।

माथुर : मेरे मुक्के से उसकी नाक फूट गई थी। तो आओ, लहू की बूँदों के पीछे-पीछे चलते हैं।

द्यूतकर : (पीछे-पीछे चलता हुआ) स्वामी, वह वसंतसेना के घर में चला गया है।

माथुर : तब तो अपनी मुद्राएँ गईं।

द्यूतकर : तो न्यायालय में जाकर सूचना दें ?

माथुर : वह धूर्त्त तब तक यहाँ से निकलकर कहीं और चला जाएगा। चलकर वसंतसेना से प्रार्थना करके उसे पकड़ लेते हैं।

वसंतसेना मदनिका को संकेत करती है।

मदनिका : आप कहाँ से आए हैं, आर्य ? कौन हैं आप ? किसके संबंधी हैं आप ? आपकी आजीविका क्या है ? आपको भय किससे है ?

संवाहक : सुनिए आर्ये ! मैं पाटलिपुत्र का रहनेवाला हूँ। गृहस्थ की संतान हूँ। संवाहक[1] का कार्य करता हूँ।

---

1. शरीर सम्मर्दक : मालिश करनेवाला।

वसंतसेना : बहुत सुकुमार कला सीखी है आपने।

संवाहक : सीखी थी तब कला थी, अब तो आजीविका है।

मदनिका : आपने बहुत खेद के साथ यह बात कही है। हाँ, और ?

संवाहक : अपने यहाँ पर्यटकों के मुँह से इस अद्भुत प्रदेश की प्रशंसा सुनकर देखने के लिए कुतूहल से यहाँ चला आया था। यहाँ उज्जयिनी में आकर एक ऐसे सज्जन की सेवा करता रहा जो देखने में जितने सुंदर हैं, उतने ही प्रियवादी भी हैं। दान देकर कभी चर्चा नहीं करते और कोई उनका बुरा भी करे, तो झट भूल जाते हैं। अधिक क्या कहूँ—उदारता उनमें इतनी है कि अपनी आत्मा को भी दूसरों की ही वस्तु समझते हैं। कोई भी शरण में आ जाए, तो उसकी रक्षा करते हैं।

मदनिका : ऐसा कौन है जो आर्या के मनोनीत व्यक्ति के गुणों को चुराकर उज्जयिनी की शोभा बढ़ा रहा है ?

वसंतसेना : ठीक बात सोची तूने दासी ! मेरा हृदय भी यही बात कह रहा था।

मदनिका : हाँ, तो आर्य, आगे...?

संवाहक : आर्ये, अब वे उदारतापूर्वक लोगों को दान दे-देकर...

वसंतसेना : धनहीन हो गए हैं ?

संवाहक : बिना कहे ही आपने कैसे जान लिया ?

वसंतसेना : इसमें जानने को क्या है ? जहाँ गुण हैं, वहाँ धन नहीं रहता। पानी से वही सरोवर भरे रहते हैं जहाँ कोई पीनेवाला न आता हो।

मदनिका : आर्य, उन महानुभाव का नाम क्या है ?

संवाहक : आर्ये, उस पृथ्वी के चंद्रमा का नाम कौन नहीं जानता ! श्रेष्ठियों के चत्वर में वे रहते हैं और उनका सम्मानित नाम है आर्य चारुदत्त।

वसंतसेना : (आसन से उतरकर सहर्ष) यह घर आपका अपना ही है। दासी, इन्हें आसन दे दे और पंखे से हवा कर। ये बहुत थके हुए हैं।

मदनिका आदेश का पालन करती है।

संवाहक : अरे ! आर्य चारुदत्त का नाम लेते ही मेरा आदर होने लगा ! धन्य हैं आप आर्य चारुदत्त ! संसार में जीवित केवल आप ही हैं, शेष लोग तो केवल साँस ही लेते हैं। (वसंतसेना के चरणों

पर गिरकर) बहुत हुआ आर्ये, अब और रहने दें। आप आसन ग्रहण करें।

वसंतसेना : (आसन पर बैठकर) आर्य, वह धनिक कहाँ है ?

संवाहक :
वास्तव में धनिक वह सज्जन है
जिसके पास सत्कार का धन है
चलाचल संपत्ति किसके पास नहीं रहती ?
जो सत्कार करना जानता है,
सत्कार के उपकरणों का भी उसी को पता रहता है।

वसंतसेना : हाँ, तो आप कह रहे थे कि...?

संवाहक : उन्होंने वेतन पर अपने यहाँ मुझे परिचारक के रूप में रख लिया। परंतु जब उनके पास केवल चरित्र का धन ही शेष रह गया, तो मैं जुआ खेलकर अपना निर्वाह करने लगा। परंतु भाग्य प्रतिकूल था। जुए में दस स्वर्ण-मुद्राएँ हार गया।

माथुर : हाय, मैं मारा गया ! मुझे ठग लिया गया !

संवाहक : ये द्यूताध्यक्ष और द्यूतकर मुझे खोजते हुए आ रहे हैं। मैंने आपको सबकुछ बता दिया है। अब आप जैसा उचित समझें, वैसा करें।

वसंतसेना : मदनिके, आँधी जब पेड़ को उखाड़ देती है, तो उस पर रहनेवाले पक्षी भी असह्य होकर इधर-उधर भटकने लगते हैं। तू जा और जाकर यह कंगन द्यूताध्यक्ष और द्यूतकर को दे दे। कहना कि यह इन्होंने दिया है।

हाथ से कंगन उतारकर देती है।

मदनिका : (कंगन लेकर) जैसी आज्ञा।

चली जाती है।

माथुर : हाय मैं मारा गया ! मुझे ठग लिया गया !

मदनिका : ये दोनों जिस प्रकार ऊपर देख रहे हैं, लंबी-लंबी साँसें ले रहे हैं और द्वार पर आँखें गड़ाए परस्पर बातें कर रहे हैं, उससे लगता है कि द्यूताध्यक्ष और द्यूतकर यही हैं। (पास जाकर) आर्य, प्रणाम करती हूँ।

माथुर : सुखी रहो।

मदनिका : आर्य, आपमें से द्यूताध्यक्ष कौन है ?

माथुर : कौन हो तन्वंगि तुम ? देखो, मेरे पास देने-लेने को कोई उपहार

नहीं है, तुम किसी और के पास जाओ।

मदनिका : तुम जो इस प्रकार की बात कह रहे हो, इससे निश्चय ही द्यूतकर तुम नहीं हो। किसी पर तुम्हारा कुछ ऋण निकलता है क्या ?

माथुर : हाँ, एक व्यक्ति पर दस मुद्राएँ निकलती हैं। परंतु तुम उसकी बात क्यों कर रही हो ?

मदनिका : उसकी ओर से आर्या ने एक कंगन दिया है। नहीं-नहीं, उसने स्वयं ही यह कंगन दिया है।

माथुर : (कंगन लेकर सहर्ष) देखो, उस कुलीन से कहना कि उसका ऋण उतर गया है, अब वह फिर खेलने के लिए आया करे।

मदनिका : (वसंतसेना के पास जाकर) आर्ये, द्यूताध्यक्ष और द्यूतकर संतुष्ट होकर चले गए हैं।

वसंतसेना : ठीक है। हमारे बंधु अब आश्वस्त हो रहें।

संवाहक : आर्ये, यदि आप यह चाहती हैं, तो मुझे अवसर दें कि मैं आपकी कुछ सेवा कर सकूँ।

वसंतसेना : आर्य, आपने जिनकी पहले सेवा की है, उन्हीं की सेवा अब भी कीजिए।

संवाहक : (स्वगत) आर्या ने किस चतुराई से मना किया है ! तो मैं इनके उपकार का प्रतिदान कैसे दूँ ? (प्रकट) आर्ये, द्यूतकर ने मेरा जो अपमान किया है, उसके कारण मैं अब बौद्ध भिक्षु बन जाऊँगा। आप इस बात का स्मरण रखें कि जुआरी संवाहक बौद्ध भिक्षु बन गया था।

वसंतसेना : नहीं, आपको ऐसा नहीं करना चाहिए।

संवाहक : नहीं आर्ये, मैंने निश्चय कर लिया है।

(घूमकर)

जुआ खेलने से मेरा
सारे संसार के सामने अपमान हुआ।
अब सिर मुड़ाकर, निर्भीक,
मैं राजमार्ग पर घूमूँगा।

नेपथ्य में कोलाहल।

संवाहक : (सुनकर) अरे ! यह क्या ? (आकाश की ओर देखकर) क्या कहा ? वसंतसेना का खुंटमोडक नामक दुष्ट हाथी बिगड़ उठा है ? तो चलकर उस मतवाले हाथी को देखूँ ! परंतु मुझे क्या

लेना है ? मुझे अपने पहले के निश्चय का पालन करना चाहिए।

चला जाता है। उसी यवनिका पर कर्णपूरक का प्रवेश। उसकी उज्ज्वल वेशभूषा में एक विकटता भी है।

कर्णपूरक : आर्या किधर हैं ? किधर हैं आर्या ?

मदनिका : दुर्जन, तू इस तरह घबराया हुआ क्यों है ? आर्या सामने बैठी हैं, और तुझे वे दिखाई नहीं दे रहीं ?

कर्णपूरक : (देखकर) आर्ये, प्रणाम करता हूँ।

वसंतसेना : क्या बात है, कर्णपूरक ? बहुत प्रसन्न लग रहा है ?

कर्णपूरक : (विस्मय के स्वर में) आर्ये, आपने कर्णपूरक का पराक्रम नहीं देखा, तब तो आपने कुछ भी नहीं देखा।

वसंतसेना : बता तो सही, क्या बात है ?

कर्णपूरक : सुनिए। आपका वह दुष्ट हाथी है न खुंटमोडक...वह आलान के खंभे को तोड़कर, प्रधान हस्तिपाल को मारकर, बहुत उपद्रव करता हुआ राजमार्ग पर जा पहुँचा। उसे देखकर लोग चिल्लाने लगे–

बालकों को हटा लो,
वृक्ष या प्रासाद
जो सामने मिले, उस पर चढ़ जाओ।
तुम्हें दिखाई नहीं देता
कि बिगड़ा हुआ हाथी सामने से आ रहा है ?

एवं

सहसा दो-दो नूपुर छनकने लगे,
और मणियों से गुँथी हुए मेखलाएँ
तथा नन्हें-नन्हें रत्नों से जड़े हुए कंगन
टूट-टूटकर गिरने लगे।

वह दुष्ट हाथी तब अपनी सूँड, पैरों तथा दाँतों से इस तरह सारी उज्जयिनी को हिलाने लगा जैसे एक खिली हुई कमलिनी से अधिक कुछ न हो। फिर एक संन्यासी को उसने दबोच लिया। संन्यासी के दंड-कमंडलु दूर जा गिरे। उसे हाथी के टपकते हुए दाँतों में जकड़े देखकर लोग फिर चिल्लाने लगे कि 'हाय संन्यासी' मारा गया !'

वसंतसेना : कैसी अनर्थ की बात है !

कर्णपूरक : आप ऐसे उद्विग्न न हों और मेरी बात पूरी सुनें। जब इस कर्णपूरक ने...नहीं-नहीं, आपके अन्न से पले हुए इस दास ने देखा कि हाथी ने अपनी शृंखलाएँ तोड़-फोड़ दी हैं और संन्यासी को दाँतों में लेकर ऊपर उठा लिया है, तो बाईं ओर जाकर इसने संन्यासी बने हुए जुआरी को ढाँढ़स बँधाया और एक दुकान से लोहे का डंडा लेकर हाथी के सामने जा पहुँचा।

वसंतसेना : फिर ?

कर्णपूरक : विंध्यपर्वत के शिखर-जैसे
उस हाथी को मेरे क्रोध ने मार दिया,
फँसे हुए संन्यासी का उद्धार कर दिया।

वसंतसेना : बहुत अच्छा किया। फिर क्या हुआ ?

कर्णपूरक : फिर तो चारों ओर लोग ऊँचे स्वर में कहने लगे कि 'वाह कर्णपूरक, वाह !' सारी उज्जयिनी इस तरह उस ओर झुक आई जैसे भरी हुई नाव का सारा भार एक ही ओर को उलट गया हो। तभी एक व्यक्ति ने अपने आभूषण पहनने के स्थान को छूकर देखा और उन्हें सूने पाकर एक लंबी साँस ली और यह उत्तरीय मेरे ऊपर फेंक दिया।

वसंतसेना : देखना कर्णपूरक, इस उत्तरीय में चमेली के फूलों की गंध तो नहीं बसी हुई ?

कर्णपूरक : आर्ये, मेरी नाक में तो हाथी के मद की गंध इस तरह समाई हुई है कि और किसी गंध का मुझे पता ही नहीं चलता।

वसंतसेना : तो यही देख कि इस पर नाम किसका है ?

कर्णपूरक : देखिए, यह नाम है, आप ही पढ़ लें।

उत्तरीय उसके पास ले जाता है।

वसंतसेना : आर्य चारुदत्त का ही नाम है।

पढ़कर अभिलाषा के साथ
उत्तरीय को ओढ़ लेती है।

कर्णपूरक : आपके शरीर पर यह उत्तरीय बहुत सुंदर लगता है।

वसंतसेना : कर्णपूरक, यह ले तू अपना पुरस्कार !

उसे एक आभूषण देती है।

कर्णपूरक : (आभूषण को सिर से लगाकर तथा प्रणाम करके) यह उत्तरीय

अब आपके शरीर पर अब और भी सुंदर लगता है।

वसंतसेना : कर्णपूरक, इस समय आर्य चारुदत्त किस ओर गए हैं ?

कर्णपूरक : इसी मार्ग से अपने घर की ओर गए हैं।

वसंतसेना : दासी, चल डयोढ़ी के ऊपर से हम उन्हें देखें।

सबका प्रस्थान।

द्यूतकर संवाहक नामक दूसरा अंक।

अंक : तीन

चेट का प्रवेश।

चेट : सहृदय और दयावान स्वामी
धनहीन भी हो तो अच्छा है।
उस स्वामी की सेवा करना कठिन और परिणाम में कष्टदायक है,
जो धन पर गर्व करता हो और स्वभाव का अच्छा न हो।

एवं

शाली का भूखा बैल हटाए नहीं हटता।
जुए में लगा जुआरी हटाए नहीं हटता।
स्वभाव का कोई भी दोष हटाए नहीं हटता।

आर्य चारुदत्त को संगीत सुनने के लिए गए बहुत समय हो गया। आधी रात बीत चली, अभी तक लौटकर नहीं आए। तो बाहर के चौबारे में चलकर सो रहूँ।

वैसा ही करता है। विदूषक के साथ चारुदत्त का प्रवेश।

चारुदत्त : अहा ! कितना सुंदर गाता है रेभिल ! वीणा समुद्र से नहीं निकली, फिर भी वह एक रत्न ही है।
उत्कंठित व्यक्ति के लिए वह एक मनोनुकूल मित्र है;
प्रिय के आने में विलंब होने पर
मनोविनोद का सुंदर साधन है।
विरह-व्याकुल व्यक्ति को धैर्य देने में अनुपम है।
तथा अनुरागी हृदय में अनुराग बढ़ा दे,
एक ऐसा सुखद यंत्र है।

विदूषक : मित्र, चलो घर चलें।

चारुदत्त : सचमुच कितना अच्छा था गायक रेभिल का संगीत !

विदूषक : सुनो। स्त्री तो करे संस्कृत का पाठ और पुरुष गाए काकली—मुझे दोनों को सुनकर हँसी आती है। स्त्री जब संस्कृत पढ़ती है तो

वह नई नकछेदी और अभी की ब्यायी हुई गाय की तरह सूँ-सूँ करती है। और पुरुष जब काकली गाता है तो वह सूखे फूलों की माला पहने बुड्ढे पुरोहित की तरह मंत्र जपने लगता है। मुझे बिलकुल अच्छा नहीं लगता।

चारुदत्त : अरे मित्र, आज तो कलाकार रेभिल ने सचमुच बहुत अच्छा गाया है ! तुम्हें फिर भी संतोष नहीं हुआ ?

इतना अनुरागवर्द्धक, मधुर, सम और स्पष्ट था वह संगीत—
इतना भावपूर्ण, कोमल तथा मनोहारी—
कि उसकी प्रशंसा में कुछ भी कहना असंगत है।
गायक सामने न रहता तो यही लगता है कि कंठ किसी नारी का है।

एवं

गीत रुक चुका है
परंतु मेरे कानों में उसकी झंकार अब भी गूँज रही है।
मैं अब भी सुन रहा हूँ
वही स्वरों का संचार,
कंठ की कोमलता, वीणा का शब्द,
मूर्च्छना के अंतर्गत वाणी का आरोह और कोमल अवरोह
हिलोरें लेते हुए स्वर का संयम
तथा राग की लय का फिर-फिर आलाप।

विदूषक : देखो मित्र, मार्ग की गलियों में कुत्ते भी सुख से सो गए हैं, अब तो घर चलें। (आगे देखकर) देखो, अंधकार को अवसर देने के लिए ही जैसे आकाश की अट्टालिका से चाँद नीचे उतर रहा है।

चारुदत्त : ठीक कहते हो तुम।

आकाश के शिखर तक जाकर
अँधेरे को अवसर देने के लिए ही चाँद
अब अस्त हो रहा है;
उसका आकार
जलमग्न हाथी के
बाहर को निकले हुए
तीखे दाँत-जैसा लग रहा है।

विदूषक : लो, यह रहा अपना घर !...वर्द्धमानक ! द्वार खोलना वर्द्धमानक !

चेट : यह आर्य मैत्रेय का स्वर लगता है। तो आर्य चारुदत्त लौट आए ! उठकर द्वार खोल दूँ। (द्वार खोलकर) आर्य, प्रणाम करता हूँ। आपको भी प्रणाम करता हूँ, आर्य मैत्रेय ! यह आसन बिछा है, आप लोग यहाँ बैठें।

दोनों प्रवेश का नाट्य करते हैं और बैठ जाते हैं।

विदूषक : वर्द्धमानक, पैर धोने के लिए रदनिका को बुला ला।

चारुदत्त : (दयापूर्ण स्वर में) नहीं-नहीं, नींद से किसी को जगाने की आवश्यकता नहीं।

चेट : आर्य मैत्रेय, मैं पानी उठा लेता हूँ, आप पैर धो दें।

विदूषक : (क्रोध के साथ) देखो मित्र, यह दासी का पुत्र आप तो पानी उठाएगा और मुझ ब्राह्मण से पैर धुलवाएगा।

चारुदत्त : नहीं मैत्रेय, तुम पानी उठाओ, वर्द्धमानक पैर धो देगा।

चेट : आर्य मैत्रेय, पानी डालिए।

विदूषक पानी डालता है। चेट चारुदत्त के पैर धोकर हट जाता है।

चारुदत्त : इस ब्राह्मण के पैर भी धो दे।

विदूषक : मैं क्या पैर धुलाऊँगा ? पिटे हुए गधे की तरह यहाँ भूमि पर ही तो लोटता हूँ।

चेट : आर्य मैत्रेय, आप ब्राह्मण होकर ऐसी बात कहते हैं !

विदूषक : जैसे साँपों में पानी का साँप, वैसे ही ब्राह्मणों में मैं ब्राह्मण !

चेट : फिर भी आर्य मैत्रेय, लाइए मैं धो देता हूँ। (पैर धोकर) आर्य मैत्रेय, इस स्वर्णपात्र की रखवाली दिन को मेरे ऊपर है, रात को आपके ऊपर। इसे ले लीजिए।

स्वर्णपात्र उसे देकर चला जाता है।

विदूषक : (स्वर्णपात्र को लिये हुए) अभी तक यह ज्यों-का-त्यों ही रखा है। इस उज्जयिनी में चोर क्या मर गए हैं जो कोई भी इस दासी के पुत्र नींद के चोर को उठाकर नहीं ले जाता ? देखो मित्र, मैं इसे अंदर के चौबारे में रख आता हूँ।

चारुदत्त : ब्राह्मण,

यह धरोहर है

अंदर के चौबारे में नहीं ले जाई जा सकती।
जब तक यह लौटाई नहीं जाती,
तब तक तुम्हें इसे अपने हाथ में ही रखना होगा।

निद्रा का नाट्य करता हुआ फिर मुँह में बोलने लगता है :

'गीत रुक चुका है...।'

विदूषक : आपको नींद आ गई ?

चारुदत्त : हाँ, आ ही गई।
आँखों को मूँदती हुई अदृश्य और अस्थिर नींद
माथे से धीरे-धीरे उतरकर नीचे आ रही है;
तथा बुढ़ापे की तरह शक्तियों को पराजित करती हुई
मुझे अपने अधिकार में ले रही है।

विदूषक : तो दोनों सो जाते हैं !

निद्रा का नाट्य करता है।

शर्विलक का प्रवेश।

शर्विलक :
केंचुल छोड़ते हुए साँप की तरह
शरीर को समेटकर
तथा धरती पर घिसटने से
पार्श्वों में रगड़ सहकर,
अपने अभ्यस्त तथा बलवान हाथों से लगाई हुई सेंध से
ठीक से अपने को अंदर लाकर
अब मुझे अपने कार्य में प्रवृत्त होना है

(आकाश की ओर देखकर हर्षसहित) अरे, भगवान शशांक अस्त हो चले ! कहना चाहिए कि

राजा के प्रहरी जिससे शंकित रहते हैं
और जिसकी एकमात्र कला है दूसरों के घरों को छेदना--
ऐसा हूँ मैं; और यह रात
सारे पदार्थों को घने अँधेरे की चादर से ढकती हुई
माँ की तरह
मुझे भी उसमें छिपाए ले रही है।

वृक्षवाटिका के घेरे में सेंध लगाकर उसके रास्ते अंदर तो आ गया हूँ। अब चौबारे में सेंध लगाऊँ !

लोग भले ही कहें
कि नींद में पड़े हुए, बेसुध व्यक्तियों को ठगकर
उनका अपमान करना
चोरी है, पराक्रम नहीं।
परंतु निंदनीय होने पर भी यह कर्म
स्वाधीन तो है।
इसमें किसी की सेवा में
हाथ बाँधकर खड़े तो नहीं रहना पड़ता।
और फिर यह मार्ग नया नहीं–
युधिष्ठिर की सोई हुई सेना की हत्या कर
अश्वत्थामा पहले ही इसका मार्ग दिखा चुके हैं।
तो कहाँ सेंध लगाऊँ ?
कौन-सा ऐसा स्थान है जो
पानी की मार से शिथिल पड़ चुका है
और जहाँ आघात करने से अधिक शब्द नहीं होगा;
जहाँ दीवार सामने नहीं पड़ती
और बड़ी-सी सेंध लगाने में कोई भय नहीं है;
जहाँ घर की मिट्टी नमक से खाई जाकर
ढेले की तरह भुरभुरी हो गई है;
जहाँ स्त्रियों का आना-जाना नहीं होता
और मेरा कार्य ठीक से हो सकता है ?

(दीवार को छूकर) यह स्थल है जो नमक का खाया हुआ-सा है। लगता है प्रतिदिन सूर्योदय के समय यहाँ जल चढ़ाया जाता है। चूहों ने भी यहीं मिट्टी खोद रखी है। वाह ! अब तो मेरा काम बन गया ! चोरों के लिए यही तो सफलता का शकुन है। अब किस तरह की सेंध लगाकर कार्य आरंभ करूँ ? भगवान कनकशक्ति ने सेंध लगाने के चार नियम बताए हैं–अर्थात् पक्की ईंटों को खींचकर निकालो, कच्ची ईंटों में छेद करो, मिट्टी के लोंदों को पानी से गलाओ और काठ हो तो उसे आरी से चीरो। यहाँ पक्की ईंटें हैं, इसलिए इन्हें खींचकर निकालना पड़ेगा।

खिले हुए कमल का संपुट, सूर्य या अर्द्ध चंद्र,

विस्तृत सरोवर या स्वस्तिक या पूर्ण कुंभ—
कैसी आकृति में और कहाँ अपनी कला का प्रकाश करूँ
कि नगर के निवासी कल देखें और आश्चर्य करें !

यहाँ पक्की ईंटों में पूर्ण कुंभ की रचना ही अच्छी लगेगी। तो उसी रूप में खोदूँ।

रात के समय और भी जहाँ-कहीं
खोखली दीवारों की तोड़-फोड़ करने में
मैंने अपनी विशेष प्रतिभा दिखाई है,
उसे देखकर प्रातःकाल
नगर के निवासी
एक मुँह से चोरी की निंदा करते हुए,
दूसरे मुँह से
मेरे हस्तलाघव की प्रशंसा भी करते हैं।

तो, नमो वरदाय कुमारकार्तिकेयाय, नमः कनकशक्तये ब्रह्मण्यदेवाय, देवव्रताय, नमो भास्करनंदिने, नमो योगाचार्याय[1]...योगाचार्य... जिनका मैं पहला शिष्य हूँ। उन्होंने ही प्रसन्न होकर मुझे यह योग-लेप दिया है।

इसे शरीर पर मल लेने से
प्रहरी मुझे नहीं देख पाएँगे;
और शस्त्र का आघात होने पर
शरीर पर घाव भी नहीं आएँगे।

लेप शरीर पर मल लेता है।

छिः-छिः ! नापने का डोरा तो मैं भूल ही आया। (सोच कर) तो इस जनेऊ से डोरे का काम लिया जाए। जनेऊ ब्राह्मण के लिए बहुत ही उपयोगी वस्तु है; विशेष रूप से मेरे-जैसे ब्राह्मण के लिए। क्योंकि

सेंध लगाने में यह नापने के काम आ सकता है।
और आभूषण शरीर से जुड़े हों, तो उन्हें इससे उतारा जा सकता है।
जहाँ द्वार साँकल से बंद हों वहाँ इससे उन्हें खोला जा

1. कार्तिकेय को नमस्कार, कनकशक्ति को नमस्कार, भास्करनंदी को नमस्कार, योगाचार्य को नमस्कार।

सकता है;

और यदि कभी कीड़ा या साँप काट खाए तो यह बाँधने
के काम आ सकता है।

तो नापकर काम आरंभ करूँ। (नापकर ईंटें निकालते हुए दीवार को देखकर) अब इस सेंध में एक ईंट निकालना ही शेष रह गया है।...हाय-हाय ! साँप ने डस लिया !

जनेऊ से उँगली बाँधकर ऐसे नाट्य करता है जैसे विष चढ़ रहा हो। साथ ही उपचार भी करता है।

अब ठीक हो गया।

फिर काम पूरा करके अंदर देखता है।

अंदर दीया जल रहा है !

सोने की-सी पीली यह दीये की लौ
सेंध के मार्ग से बाहर की भूमि पर पड़ रही है।
आसपास के अंधकार से घिरी हुई,
यूँ लगती है जैसे
कसौटी पर खिंची हुई
सोने की रेखा हो !

(काम पूरा करके) सेंध तो पूरी हो गई। अब अंदर चलूँ। या स्वयं न जाकर पहले अपने प्रतिपुरुष को भेजूँ। (वैसा करके) अरे ! यहाँ तो कोई नहीं है। नमः कार्तिकेयाय ! (अंदर जाकर और देखकर) अरे ! दो व्यक्ति सो रहे हैं। तो आत्मरक्षा के लिए द्वार खोल लूँ। घर इतना जीर्ण-शीर्ण है कि किवाड़ भी खुलने में रूँ-रूँ करते हैं। कहीं से पानी ढूँढ़ूँ !...यहाँ कहाँ होगा पानी ?

इधर-उधर ढूँढ़कर पानी ले आता है और उसे द्वार पर छिड़कता है।

(शंकित स्वर में) पानी के गिरने से शब्द न हुआ हो।

पीठ की ओर से प्रतीक्षा करके फिर किवाड़ खोल देता है।

हाँ पहले जाँच कर लेनी चाहिए। जाने दोनों सचमुच सोए हैं या यूँ ही आँखें मूँदकर पड़े हुए हैं।

उन्हें डराने की चेष्टा करता है और फिर जाँच करता है।

लगता है दोनों सचमुच सोए हैं।

इनके श्वास निश्चित अंतर से आ रहे हैं।
और उनमें आशंका का स्पर्श नहीं है।
आँखें ठीक से मुँदी हुई हैं।
और अंदर से पुतलियाँ अस्थिर नहीं हैं।
अंगों के जोड़ ढीले हो रहे हैं।
और शरीर बिछावन से बाहर को बिखर रहे हैं !
यदि इनकी नींद कपट की नींद हो,
तो सामने दीये की लौ इनसे सही न जाए ?

(चारों ओर देखकर) अरे ! यह मृदंग पड़ा है ! यह दर्दुर रखा है। यह ढोल, यह वीणा और ये बाँसुरियाँ ! यहाँ पुस्तकें रखी हैं। यह किसी नाट्याचार्य का घर तो नहीं ? मैं तो बाहर से भवन को देखकर ही चला आया। क्या सचमुच किसी कंगाल का घर है ? कहीं राजा और चोरों के डर से इसने धन धरती में तो नहीं गाड़ रखा ? परंतु गड़ा हुआ धन क्या शर्विलक से छिपा रह सकता है ? अभी बीज फेंककर देखता हूँ। (बीज फेंककर) फेंका हुआ बीज कहीं नहीं बढ़ा। यह तो सचमुच कोई कँगला ही है !... तो चलूँ यहाँ से।

विदूषक : (स्वप्न देखता हुआ) मित्र, मुझे सेंध-सी दिखाई पड़ती है। सामने लगता है चोर खड़ा है।...यह स्वर्णपात्र तुम सँभाल लो।

शर्विलक : इसे पता चल गया है कि मैं यहाँ हूँ, और अपनी निर्धनता के कारण यह मेरा उपहास कर रहा है ? तो इसे मार दूँ ? संभव है छोटा आदमी है, इसलिए सपना देख रहा है। (देखकर) अरे ! फटे हुए अँगोछे में यह तो सचमुच सजावट का स्वर्णपात्र बँधा है जो दीये की लौ में चमक रहा है। इसे छीन लूँ ! परंतु नहीं। अपने-जैसे सज्जन को दुःख देना ठीक नहीं। चलना ही चाहिए।

विदूषक : मित्र, तुम्हें गौ और ब्राह्मण की सौगंध जो तुम यह स्वर्णपात्र न ले लो तो...!

शर्विलक : अरे रे रे रे ! गोमाता और ब्राह्मण की सौगंध का कैसे उल्लंघन

किया जा सकता है ? अब तो यह लेना ही पड़ेगा। दीया जल रहा है !...परंतु दीया बुझाने के लिए मेरे पास पतंगा जो है !...यह छोड़ दिया पतंगा कि दीये के आसपास तरह-तरह से मँडराने लगा। छिः ! धिक्कार है इस भद्रपीठ को। दो पंखों की हवा से दीया बुझाकर इसने कैसे अंधकार कर दिया है ! परंतु धिक्कार मुझे नहीं जिसने ब्राह्मण वंश में ही अंधकार कर रखा है ? चारों वेदों के ज्ञाता और कभी किसी से दान न लेनेवाले पिता का पुत्र ब्राह्मण शर्विलक यह कैसा काम कर रहा है !... इस ब्राह्मण की कृपा स्वीकार कर ही लूँ !

स्वर्णपात्र लेने का प्रयत्न करता है।

विदूषक : मित्र, तुम्हारी उँगलियाँ बहुत ठंडी हैं।

शर्विलक : कैसी भूल हो गई ! पानी छिड़कने से उँगलियाँ ठंडी हो गई हैं। इन्हें काँख में दबाकर गरम कर लूँ।

दायाँ हाथ गरम करने का नाट्य करके विदूषक से स्वर्णपात्र ले लेता है।

विदूषक : ले लिया ?

शर्विलक : ब्राह्मण की कृपा को क्या छोड़ा जा सकता है ?...हाँ, ले लिया।

विदूषक : तो मैं अब माल बेचकर आए हुए व्यापारी की तरह सुख की नींद सो सकता हूँ।

शर्विलक : तू सौ बरस तक सोया रह महाब्राह्मण !...हा-हा ! मैंने सारे ब्राह्मण-कुल को अंधकार में धकेल दिया। या मैंने केवल अपने को ही धकेला है !

धिक्कार है निर्धनता को
जो व्यक्ति के पौरुष के लिए अवकाश नहीं रहने देती।
जानता हूँ कि यह काम घिनौना है,
इसलिए इसकी निंदा भी करता हूँ, मगर साथ किए भी जाता हूँ।

(घूमकर और देखकर) अरे ! पैरों का शब्द सुनाई दे रहा है ! कहीं प्रहरी तो नहीं आ रहे ? अच्छा यहाँ जड़ होकर खड़ा हो जाता हूँ। परंतु मुझे—शर्विलक को—प्रहरियों से क्या भय है ? मैं तो

दबे-दबे चलने में बिलाव हूँ, भागने में हिरण और झपटने

में बाज़ !

सोए और जागते हुए व्यक्तियों की शक्ति को परखने में श्वान !

रेंगने में साँप, रूप और वेश बदलने एवं विभिन्न भाषाएँ बोलने में माया रूप !

रात के समय दीपक, संकट के समय शृंगाल,

सूखी धरती पर चलने में घोड़ा तथा जल के बीच चलने में नाव !

एवं

मैं हूँ गति में साँप

स्थिरता में पहाड़ और यात्रा में गरुड़

एक दृष्टि में सारे संसार को देख लेने में खरहा,

पकड़ में भेड़िया एवं शक्ति में सिंह !

रदनिका : (आती हुई) हाय-हाय ! वर्द्धमानक बाहर के चौबारे में सोया था, वह भी दिखाई नहीं दे रहा।...तो आर्य मैत्रेय को पुकारूँ !

घूमती है। शर्विलक रदनिका को मारने के लिए उद्यत हो जाता है।

शर्विलक : (देखकर) अरे, यह तो स्त्री है !...तो चलूँ।

चला जाता है।

रदनिका : (अंदर जाकर डरे हुए स्वर में) हाय रे ! चोर हमारे घर में सेंध लगाकर भागा जा रहा है। आर्य मैत्रेय, उठो-उठो। देखो, चोर हमारे घर में सेंध लगाकर भागा जा रहा है !

विदूषक : (उठकर) क्या कहती है री तू दासी की पुत्री ! हमारे घर में चोर लगाकर सेंध भागा जा रहा है !

रदनिका : हाय-हाय, तुम्हें हँसी सूझ रही है ! क्या तुम्हें कुछ भी दिखाई नहीं देता ?

विदूषक : अरी दासी की पुत्री ! क्या कह रही है तू ? हैं ! यह तो जैसे किसी ने घर में दूसरा द्वार ही बना दिया है ! मित्र चारुदत्त, उठो-उठो। हमारे घर में सेंध लगाकर चोर भागा जा रहा है।

चारुदत्त : छोड़ो मित्र, इस परिहास में क्या रखा है ?

विदूषक : परिहास नहीं है, बंधु, तुम देखो तो सही !

चारुदत्त : किधर देखूँ ?

विदूषक : इधर यहाँ !

चारुदत्त : (देखकर) अरे ! सचमुच किसी ने कितनी सुंदर सेंध लगाई है !

ऊपर और नीचे से ईंटें हटाकर बनाया गया,
ऊपर से छोटा तथा बीच से बड़ा यह छेद,
इस घर के हृदय की तरह है
जो एक अनधिकारी व्यक्ति के अंदर आने से जैसे फट गया है।
इस काम में भी किसी ने क्या कला दिखाई है !

विदूषक : मित्र, यह सेंध दो में से एक ने लगाई होगी—या तो किसी बाहर से आए व्यक्ति ने, या किसी इस काम के विद्यार्थी ने ! नहीं तो उज्जयिनी में कौन हमारे घर की स्थिति को नहीं जानता ?

चारुदत्त : हाँ, या तो किसी विदेशी ने
या किसी इस कला का अभ्यास करनेवाले ने ही इस घर में आकर यह काम किया है।
उसे यह पता नहीं था—
धन न रहने से हम लोग यहाँ निश्चिंत होकर सोए हैं।
पहले के बने इस विशाल भवन को देखकर
उसके मन में न जाने क्या-क्या आशाएँ जागी होंगी !
परंतु देर तक श्रम करके सेंध लगाने के बाद
दुःखी और निराश होकर बेचारा लौटकर चला गया होगा !

जाकर अपने मित्रों से बेचारा क्या कहेगा ? कि सार्थवाह के पुत्र के घर में जाकर भी कुछ नहीं मिला !

विदूषक : वाह मित्र, वाह ! तुम्हें उस बेचारे चोर की ही चिंता सता रही है ! उसने सोचा होगा कि इतना बड़ा घर है, यहाँ से कोई रत्नपात्र या स्वर्णपात्र मिलेगा। (सहसा याद हो आने से विषादपूर्ण स्वर में, स्वगत) अरे ! वह स्वर्णपात्र कहाँ गया ? (फिर और याद हो आने से, प्रकट) देखो मित्र, तुम सदा कहा करते हो कि मैत्रेय मूर्ख है, अज्ञानी है, यह है, वह है। अब बताओ, मैंने अच्छा किया कि नहीं जो वह स्वर्णपात्र तुम्हें सौंप दिया, नहीं तो वह दासी का पुत्र उसे चुराकर ले गया होता।

चारुदत्त : अब यह परिहास छोड़ो...!

विदूषक : अरे मित्र, मैं क्या इतना ही मूर्ख हूँ जो परिहास का समय और

स्थान नहीं जानता ?

चारुदत्त : मुझे तुमने वह कब दिया था ?

विदूषक : जब मैंने तुमसे कहा था कि तुम्हारी उँगलियाँ ठंडी हैं।

चारुदत्त : संभव है तुमने दिया हो। (चारों ओर देखकर हर्ष के साथ) मित्र, एक बहुत ही प्रिय समाचार है।

विदूषक : उसे चोर नहीं ले गया न ?

चारुदत्त : ले गया है।

विदूषक : तो प्रिय समाचार क्या है ?

चारुदत्त : यह कि वह खाली हाथ नहीं गया।

विदूषक : परंतु वह तो धरोहर थी !

चारुदत्त : धरोहर थी ?

मूर्च्छित हो जाता है।

विदूषक : अरे बंधु, धीरज रखो ! धरोहर की वस्तु को चोर ले गया, तो तुम क्यों मूर्च्छित हुए जाते हो ?

चारुदत्त : (कुछ आश्वस्त होकर) मित्र,

सत्य पर कौन विश्वास करेगा ?
सब लोग मुझ पर लांछन लगाएँगे।
अपने में कुंठित निर्धनता ही ऐसे अवसर पर
संदेह का विषय बन जाती है।

कितने दुःख की बात है !
पहले तो भाग्य ने धन का अपहरण कर लिया,
और आज उस कठोर ने मेरे चरित्र पर भी लाँछन लगा दिया।

विदूषक : तुम देखना, मैं कह दूँगा कि किसने रखी थी धरोहर ? किसके पास रखी थी ? इसका साक्षी कौन है ?

चारुदत्त :

तो अब मैं झूठ भी बोलूँगा ?
भिक्षा माँगकर ही क्यों न हो,
धरोहर का मूल्य मैं अवश्य चुकाऊँगा।
ऐसा झूठ मैं नहीं कहूँगा
जिससे चरित्र और हीन हो जाए।

रदनिका : मैं जाकर आर्या धूता को बता दूँ !

चली जाती है और पुनः चारुदत्त की पत्नी के साथ प्रवेश करती है।

धूता[1] : (आकुल भाव से) अरी, सच बता, आर्यपुत्र या आर्य मैत्रेय के शरीर को तो चोट नहीं पहुँची ?

रदनिका[2] : सच कहती हूँ, स्वामिनी ! परंतु वसंतसेना का वह स्वर्णपात्र था न, उसे चोर ले गया है।

धूता मूर्च्छा का नाट्य करती है।

रदनिका : धीरज रखो आर्या !

धूता : (कुछ आश्वस्त होकर) क्या कहा तूने दासी ? कि आर्यपुत्र के शरीर पर चोट नहीं आई ?...शरीर पर चोट नहीं आई, परंतु चरित्र तो बचा नहीं रहा। उज्जयिनी में सब लोग अब यही कहेंगे कि निर्धन होने के कारण उन्होंने यह काम किया है। (ऊपर की ओर देखकर तथा निःश्वास छोड़कर) कमलपत्र पर पड़ी हुई वर्षा की बूँद की तरह चंचल निर्धन व्यक्तियों के भाग्य से तुम इस तरह खिलवाड़ किया करते हो दैव !...माँ के घर से मिली हुई यह एक रत्नावली ही मेरे पास शेष है। परंतु अतिशय उदारता के कारण स्वामी इसे स्वीकार नहीं करेंगे। दासी, तू मैत्रेय को बुला !

रदनिका : जैसी आर्या की आज्ञा ! (विदूषक के पास जाकर) आर्य मैत्रेय, आर्या तुम्हें बुला रही हैं।

विदूषक : कहाँ हैं वे ?

रदनिका : यहाँ हैं, इधर आओ।

विदूषक : (पास जाकर) कल्याण हो !

धूता : प्रणाम आर्य !...आप मेरी ओर मुँह करके खड़े हों।

विदूषक : लीजिए, यह आपकी ओर मुँह कर लिया।

धूता : यह आप ले जाइए।

विदूषक : यह क्या है ?

धूता : मैंने रत्नषष्ठी व्रत किया था। उसमें अपनी सामर्थ्य के अनुसार ब्राह्मण को दान देना होता है जो मैंने नहीं दिया। उस प्रसंग में आप यह रत्नावली ले जाएँ।

विदूषक : (रत्नावली लेकर) कल्याण हो ! मैं जाकर अपने प्रिय मित्र को बता दूँ।

1, 2. मूल पुस्तक में क्रमशः 'वधू' तथा 'चेटी'।

धूता : यह बात कहकर लज्जित न करो, आर्य मैत्रेय !

चली जाती है।

विदूषक : (विस्मित भाव से) कितना महान है इनका हृदय !

चारुदत्त : मैत्रेय को विलंब हो रहा है। क्लेश के मारे कहीं कोई अनकरनी न कर ले...मैत्रेय !

विदूषक : (पास आकर) बस आ गया। यह लीजिए (रत्नावली उसे दिखाता है।)

चारुदत्त : यह क्या है ?

विदूषक : आपने जो अपने अनुकूल पत्नी चुनी है, उसका फल।

चारुदत्त : तो ब्राह्मणी ने यह मेरे ऊपर कृपा की है ?...ओह ! तब तो आज मैं सचमुच ही निर्धन हो गया हूँ।

भाग्य की मार से अपना धन खोकर
जब पुरुष स्त्री के धन का उपहार पाता है,
तो यह परिस्थिति पुरुष को नारी
और नारी को पुरुष बना देती है।

परंतु मैं निर्धन कैसे हूँ ?

निर्धन व्यक्ति को कहाँ यह सुलभ है
कि पत्नी उसकी स्थिति के अनुसार चले,
तुम्हारे-जैसा मित्र सुख-दुःख में उसके साथ रहे
और वह अपने सत्य की रक्षा कर सके ?

मैत्रेय, यह रत्नावली लेकर तुम वसंतसेना के पास चले जाओ। मेरी ओर से कहना कि वह स्वर्णपात्र हमने अपना समझकर जुए में हार दिया है। उसके स्थान पर यह रत्नावली दे रहे हैं।

विदूषक : न उसे खाया, न पीया। मूल्य भी उसका कितना होगा ! और फिर उसे ले भी गया चोर ! अब उसके बदले में चार समुद्रों का सार यह रत्नावली दे दी जाएगी ?

चारुदत्त : ऐसा न कहो मित्र !

जिस विश्वास का आधार लेकर
उसने हमारे पास अपनी धरोहर रखी थी,
उस महान विश्वास का ही मूल्य
इस रत्नावली के रूप में दिया जा रहा है।

तो मित्र, तुम्हें मेरे शरीर को छूकर सौगंध खानी होगी कि इसे

दिए बिना लौटकर नहीं आओगे...वर्द्धमानक !

ईंटों को सँजोकर
शीघ्र ही इस सेंध को भर देना।
बात फैलने में यूँ ही अपवाद होता है,
अतः क्यों न पहले ही इसकी रक्षा कर ली जाए ?

और तुम मैत्रेय, देखो वहाँ जाकर खुले चित्त से और उदार भाव से सब बात करना।

विदूषक : निर्धन व्यक्ति और बात करे उदार भाव से—यह कैसे हो सकता है ?

चारुदत्त :
मैं आज निर्धन नहीं हूँ, मित्र !
निर्धन व्यक्ति को कहाँ यह सुलभ है
कि पत्नी उसकी स्थिति के अनुसार चले,
तुम्हारे-जैसा मित्र सुख-दुःख में उसके साथ रहे
और वह अपने सत्य की रक्षा कर सके ?

तुम चलो। मैं तब तक निवृत्त होकर संध्योपासना कर लूँ।

सब चले जाते हैं।

संधिच्छेद नामक तीसरा अंक।

अंक : चार

चेटी का प्रवेश।

चेटी : माँ ने आदेश देकर आर्या के पास भेजा है।...आर्या चित्रफलक पर दृष्टि गड़ाए मदनिका के साथ परामर्श करती हुई यहाँ बैठी हैं। तो पास चलूँ।

उपरोक्त स्थिति में मदनिका के साथ वसंतसेना का प्रवेश।

वसंतसेना : मदनिके, यह चित्रगत आकृति क्या आर्य चारुदत्त से मिलती है ?

मदनिका : बहुत मिलती है।

वसंतसेना : तू कैसे कह सकती है ?

मदनिका : आपकी दृष्टि जिस स्नेह से इस पर झुकी हुई है, उसे देखकर...

वसंतसेना : तेरा यह कहना क्या केवल चतुराई ही नहीं है ?

मदनिका : क्या चतुराई से कही हुई सब बातें झूठी ही होती हैं ?

वसंतसेना : चतुराई में झूठ आ ही जाता है, है न !

मदनिका : तो आर्या की दृष्टि और हृदय जो इस चित्र में संलग्न हो रहते हैं, उसका और क्या कारण है, जान सकती हूँ ?

वसंतसेना : कारण यह है कि मैं स्वयं वहाँ जाकर सखियों की उपहास-पात्र बनने से बची रहना चाहती हूँ।

मदनिका : क्यों ? स्त्रियाँ तो अपनी सखी के हृदय की बात को बहुत मानती हैं।

चेटी : (पास जाकर) आर्ये, माँ ने आदेश दिया है कि पार्श्वद्वार के पास परदेवाली गाड़ी तैयार खड़ी है। आप चलें।

वसंतसेना : क्या आर्य चारुदत्त ने बुलाया है ?

चेटी : नहीं, जिसने गाड़ी के साथ दस सहस्र मुद्राओं के मूल्य के आभूषण की भेंट भेजी है, उसने।

वसंतसेना : कौन है वह ?

चेटी : राजा का श्यालक–संस्थानक !

वसंतसेना : (क्रोधपूर्वक) जा यहाँ से। फिर ऐसी बात मुझसे न कहना।

चेटी : बुरा न मानें। मैं तो संदेश लाई हूँ।

वसंतसेना : मुझे ऐसा संदेश भी बुरा लगता है।

चेटी : तो जाकर माँ से क्या कहूँ ?

वसंतसेना : कहना कि वह मुझे जीवित देखना चाहती है, तो ऐसा संदेश फिर मेरे पास न भेजें।

चेटी : जैसी आपकी इच्छा।

चली जाती है। शर्विलक आता है।

शर्विलक :

रात्रि पर निंदनीयता का दोष लगाकर,
और नींद तथा राजा के प्रहरियों को जीतकर
रात्रि के अवसान के समय,
अपने को मैं
सूर्योदय में मंदकांति
चंद्र-सा पाता हूँ।

एवं

शीघ्रता से जाता हुआ कोई व्यक्ति
अस्थिर दृष्टि से यदि मेरी ओर देख लेता है
या मुझे खड़े देखकर
कोई शीघ्रता से मेरी ओर आता है,
तो मेरी अपराधिनी अंतरात्मा शंकित हो उठती है।
अपने ही अंतर का अपराध
व्यक्ति को कैसे कंपित कर देता है ?

मदनिका के लिए मैंने कितने दुःसाहस का काम किया है।

किसी घर में इसलिए नहीं गया
कि घर का पुरुष अपने परिवार से बातें कर रहा था।
कहीं केवल स्त्रियाँ ही थीं,
इसलिए उस घर को छोड़ दिया।
राजा के सैनिक पास आए, तो
काठ की तरह स्थिर होकर खड़ा हो गया—
इस तरह न जाने किस-किस आयास से
मैंने रात को दिन कर दिया।

घूमता है।

वसंतसेना : दासी, यह चित्रफलक मेरी शय्या पर रखकर और पंखा लेकर शीघ्र लौट आ।

मदनिका : जैसी आज्ञा।

चित्रफलक लेकर चली जाती है।

शर्विलक : यह रहा वसंतसेना का घर। अब अंदर चलूँ। (अंदर जाकर) मदनिका कहाँ होगी ?

हाथ में पंखा लिये मदनिका का प्रवेश।

(देखकर) यह रही मदनिका। मदनिके !

मदनिका : (देखकर) अरे शर्विलक ! स्वागत है, शर्विलक ! कैसे आए हो ?

शर्विलक : अभी बताता हूँ।

दोनों एक-दूसरे की ओर देखते हैं।

वसंतसेना : मदनिका विलंब कर रही है। कहाँ चली गई वह ? (गवाक्ष से देखकर) वह वहाँ किसी पुरुष से बात कर रही है। ऐसी स्थिर दृष्टि से उसे देख रही है जैसे उसे आँखों में समो जाएगी। क्या यह व्यक्ति इसे दासी-कर्म से मुक्त करा लेना चाहता है ?...तो दोनों को परस्पर देखने दूँ—किसी की प्रीति में बाधा नहीं डालनी चाहिए। अभी इसे बुलाऊँगी भी नहीं।

मदनिका : तो शर्विलक, बताओ न !

शर्विलक शंकित दृष्टि से इधर-उधर देखता है।

क्या बात है ? इस तरह घबराए-से क्यों हो ?

शर्विलक : तुझसे एक गुप्त बात कहनी है। यहाँ एकांत है न !

मदनिका : हाँ-हाँ।

वसंतसेना : क्या कोई बहुत गुप्त बात है ? तब मुझे नहीं सुननी चाहिए।

शर्विलक : यह बता मदनिका कि क्या धन देने से वसंतसेना तुझे मुक्त कर देंगी ?

वसंतसेना : मेरे ही विषय में बात है। तब तो इस गवाक्ष के पीछे छिपकर सुनना अनुचित नहीं।

मदनिका : मैंने आर्या से पूछा था शर्विलक ! वे कहती थीं कि मुझे स्वतंत्रता हो, तो मैं अपनी सब दासियों को बिना धन लिये ही मुक्त कर दूँ। परंतु शर्विलक, तुम्हारे पास इतना धन कहाँ से आ गया कि तुम मुझे उनसे छुड़ाकर ले जा सको ?

शर्विलक : निर्धनता के वशीभूत
और प्रेम के अधीन
आज रात्रि को मैंने
एक अपराध कर डाला है।

वसंतसेना : यूँ तो प्रसन्नमुख व्यक्ति है, परंतु अपराध की चेतना ने इसे उद्विग्न कर रखा है।

मदनिका : एक स्त्री के लिए तुमने दोनों को ही संकट में डाल लिया है, शर्विलक !

शर्विलक : किन दोनों को ?

मदनिका : अपने शरीर और चरित्र को।

शर्विलक : तू मूर्खा है। संपत्ति साहसी व्यक्ति को ही प्राप्त होती है।

मदनिका : तुम्हारा चरित्र आज तक निर्दोष रहा है, शर्विलक ? मेरे कारण ऐसा साहस करके तुमने क्या बहुत बुरा काम नहीं किया ?

शर्विलक : कोई अबला
खिली हुई लता की तरह सजी हुई हो,
तो भी उसका धन मैं नहीं छीनता।
ब्राह्मण का धन, या यज्ञ के लिए संचित द्रव्य,
मैं कभी नहीं लेता।
धन की आकांक्षा से
धाय की गोद से
किसी बालक को मैं कभी नहीं चुराता।
चोरी मैं करता हूँ,
परंतु
अच्छे और बुरे का विवेक
मैं कभी नहीं छोड़ता।

इसलिए तू वसंतसेना से कह देना कि
यह आभूषण
जो जैसे उनके आकार को देखकर ही बनाया गया है,
मेरे स्नेह के कारण वे
इसे धारण करें और गुप्त भी रखें।

मदनिका : आभूषण को छिपाकर रखना उचित नहीं। लाओ मैं देखूँ तो कैसा आभूषण है !

शर्विलक : यह रहा वह आभूषण !

शंकित भाव से आभूषण उसके हाथ में दे देता है।

मदनिका : यह आभूषण तो परिचित-सा लगता है। तुम्हें यह कहाँ मिला ?

शर्विलक : तुझे इससे क्या है ? तू इसे रख ले।

मदनिका : (रोषपूर्वक) यदि तुम्हें मुझ पर विश्वास नहीं है, तो मुझे मुक्त ऐसे ही कराना चाहते हो ?

शर्विलक : प्रभात के समय श्रेष्ठियों के चत्वर में मैंने सुना था कि यह सार्थवाह चारुदत्त का है।

वसंतसेना और मदनिका मूर्च्छा का नाट्य करती हैं।

शर्विलक : धैर्य रख मदनिके ! तुझे
दासीत्व से मुक्त होने में
प्रसन्न होना चाहिए था, किंतु
तेरे अंग शोक से काँपने लगे
और आँखों में भय की व्याकुलता भर आई।

मदनिका : (कुछ आश्वस्त होकर) दुःसाहसी ! मेरे कारण यह अकार्य करते हुए तुमने उस घर में किसी के शरीर या प्राणों को क्षति तो नहीं पहुँचाई ?

शर्विलक : मदनिके, डरे और सोए हुए व्यक्ति पर शर्विलक प्रहार नहीं करता। मैंने वहाँ किसी के शरीर या प्राणों को क्षति नहीं पहुँचाई।

मदनिका : सच कहते हो ?

शर्विलक : हाँ, सच कहता हूँ।

वसंतसेना : (सचेत होकर) ओह ! मुझे तो जैसे फिर से प्राण मिल गए।

मदनिका : सच, कितना प्रिय समाचार है यह !

शर्विलक : प्रिय समाचार ? क्यों मदनिके !

अच्छे सद्वंश में जन्म लेकर भी
स्नेहवश
मैंने यह अकार्य कर डाला है।
कामना ने चाहे मेरे गुणों को नष्ट कर दिया है, फिर भी
अपने गौरव की रक्षा मैंने की ही है।
और तू है

कि मुँह से तो मुझे अपना मित्र बताती है
परंतु हृदय से भी क्या ऐसा ही समझती है ?

वसंतसेना : (मुसकराकर) बेचारा बिना कारण ही उद्विग्न हो रहा है।

शर्विलक : सचमुच

स्त्री और संपत्ति–
जो भी इनमें विश्वास करे,
वह मूर्ख है;
स्त्री और संपत्ति
इन दोनों की गति
साँपिन की-सी होती है।

कुछ पग चलता है।

मदनिका : (उसका आँचल पकड़कर) अरे झक्की, क्यों तुम बिना बात के ही क्रोध कर रहे हो ?

शर्विलक : बिना बात के कैसे ?

मदनिका : यह आभूषण आर्या वसंतसेना का है।

शर्विलक : उससे क्या हुआ ?

मदनिका : यह आर्य चारुदत्त के पास रखा गया था।

शर्विलक : किसलिए ?

मदनिका : (कान में) इसलिए।

शर्विलक : (लज्जा और आश्चर्य के साथ) कितने दुःख की बात है !

ग्रीष्म से संतप्त होकर
छाया के लिए जिस शाखा का मैंने आश्रय लिया,
अपने अज्ञान में
उसी के पत्ते मैंने छेद दिए।

वसंतसेना : बेचारा कितना दुःखी हो रहा है ! अनजाने में ही इसने यह काम कर डाला है।

शर्विलक : मदनिके, बता अब मुझे क्या करना चाहिए ?

मदनिका : यह सोचना तो तुम्हारे-जैसे पंडित का ही काम है।

शर्विलक : नहीं, ऐसा नहीं। देख–

जिन्हें स्त्रियाँ कहते हैं
स्वभाव से वही पंडित हैं !
पुरुषों का पांडित्य–

बस शास्त्रों की ही बात है।

मदनिका : तुम मेरी बात मानो, तो जाकर यह उन्हीं को लौटा आओ।

शर्विलक : वे यदि न्यायालय में सूचना दे दें ?

मदनिका : चंद्रमा कभी किसी को ताप नहीं देता।

वसंतसेना : कितनी अच्छी बात कही है तूने, मदनिका !

शर्विलक : मदनिके,

इस कार्य के लिए वहाँ जाने में
मेरे मन में विषाद या भय नहीं है।
उस महान व्यक्ति के गुणों की चर्चा भी निरर्थक है।
परंतु जो अकार्य मुझसे हुआ है,
उसकी लज्जा ही मुझे रोक रही है—
यूँ न्यायालय मेरे-जैसे धूर्त्त का
क्या कर सकता है ?

फिर भी यह बात नीति के अनुकूल नहीं। इसलिए और कोई उपाय सोचो।

मदनिका : एक उपाय और है...।

वसंतसेना : यह और क्या उपाय बताएगी ?

मदनिका : आर्य चारुदत्त के संबंधी बनकर यह आभूषण आर्या वसंतसेना के पास ले जाओ।

शर्विलक : उससे क्या होगा ?

मदनिका : तुम चोर नहीं रहोगे, आर्य चारुदत्त के सिर पर ऋण नहीं रहेगा, और आर्या का आभूषण उन्हें वापिस मिल जाएगा।

शर्विलक : यह बहुत दुःसाहस का काम है।

मदनिका : तुम आभूषण ले चलो। दुःसाहस न ले जाने में ही है।

वसंतसेना : कितनी अच्छी बात कही है तूने, मदनिका !...कोई दासी ऐसी बात नहीं कहती।

शर्विलक :

तेरे अनुराग से
मुझे सद्बुद्धि प्राप्त हुई है।
अमावस की रात में
मार्गदर्शक का मिलना सुलभ नहीं।

मदनिका : तो तुम क्षण-भर यहाँ ठहरो। मैं जाकर आर्या को तुम्हारे आने की सूचना दे दूँ।

शर्विलक : अच्छी बात है।

मदनिका : (वसंतसेना के पास जाकर) आर्ये, आर्य चारुदत्त के पास से एक ब्राह्मण आया है।

वसंतसेना : यह तूने कैसें जाना कि उनके पास से आया है ?

मदनिका : अपने संबंधी को भी मैं नहीं पहचानूँगी ?

वसंतसेना : (मुसकराकर सिर हिलाती हुई, स्वगत) हाँ, क्यों नहीं। (प्रकट) जा, उसे ले आ।

मदनिका : जैसी आज्ञा। चले आएँ आर्य शर्विलक !

शर्विलक : (पास आकर सलज्ज भाव से) कल्याण हो !

वसंतसेना : आर्य मेरा प्रणाम स्वीकार करें। यह आसन ग्रहण करें।

शर्विलक : सार्थवाह ने संदेश दिया है कि घर जर्जर होने से हम इस स्वर्णपात्र को सुरक्षित नहीं रख सकते, अतः इसे आप अपने पास रख लें।

स्वर्णपात्र मदनिका को देकर चल देता है।

वसंतसेना : आर्य, आप मेरी ओर से संदेश के बदले में कुछ लेते जाइए।

शर्विलक : (स्वगत) लेकर वहाँ जाएगा कौन ? (प्रकट) कहिए, क्या ले जाना होगा ?

वसंतसेना : यह मदनिका है न...इसे आप अपने साथ ले जाएँ।

शर्विलक : देखिए...मैं समझ नहीं सका।

वसंतसेना : मेरा समझना ही पर्याप्त नहीं ?

शर्विलक : परंतु आप क्या समझकर...?

वसंतसेना : आर्य चारुदत्त ने मुझसे कहा था कि जो कोई यह आभूषण लेकर आए, मदनिका को उसे सौंप देना। इसलिए आप समझिए कि मदनिका उन्हीं की ओर से आपको सौंपी जा रही है।

शर्विलक : (स्वगत) इन्हें अवश्य पता चल गया है। (प्रकट) आर्य चारुदत्त, सचमुच कितने अच्छे हैं आप !

मनुष्य को चाहिए कि
अपने में गुणों के विकास का प्रयत्न करे।
गुणवान निर्धन भी
गुणहीन धनाधीशों से कहीं अच्छा है !

एवं

चाहिए कि मनुष्य अपने में गुणों का विकास करे;

गुणों के रहते संसार में कुछ भी अप्राप्य नहीं।
गुणों का ही प्रभाव है कि चंद्रमा
शंकर के अलंघ्य मस्तक का लंघन कर पाया है।

वसंतसेना : कोई गाड़ीवान है यहाँ ?

गाड़ीवान के साथ चेट का प्रवेश।

चेट : आर्ये, गाड़ी तैयार है।

वसंतसेना : मदनिके, मुझे अच्छी तरह देख ले। तू दूसरे को सौंप दी गई है। जाकर गाड़ी में बैठ जा। मुझे कभी-कभी याद कर लिया करना।

मदनिका : (रोती हुई) तो आर्या ने मेरा परित्याग कर दिया है ?

वसंतसेना के पैरों को छूती है।

वसंतसेना : अब तो तुझे प्रणाम किया जाना चाहिए। जा, गाड़ी में बैठ जा। मुझे भूल नहीं जाना, हाँ !

शर्विलक : आपका कल्याण हो ! देख मदनिके—
इन्हें इस समय अच्छी तरह देख ले
और सिर झुकाकर इनकी वंदना कर ले !
असंभव होते हुए भी तुम्हें इन्हीं के कारण
'बहू' शब्द का आवरण प्राप्त होनेवाला है।

मदनिका के साथ गाड़ी में बैठकर
जाने के लिए प्रस्तुत होता है।

नेपथ्य में : ...जो-जो भी जहाँ हों, वे सब सुन लें। सिद्धों की यह भविष्यवाणी जानकर कि 'ग्वाले का पुत्र आर्यक राजा होगा' राज पालक ने उसे घर से लाकर कारागार में डाल दिया है। आप सब लोग अपने-अपने स्थान पर सावधान रहें।

शर्विलक : (सुनकर) राजा पालक ने मेरे प्रिय मित्र आर्यक को कारागार में डाल दिया है ? और मैंने ऐसे समय एक स्त्री का भार अपने ऊपर ले लिया ! कितने दुःख की बात है ! किंतु
मित्र और नारी
दोनों व्यक्ति को बहुत प्रिय होते हैं।
परंतु मित्र का स्थान
अन्य सबसे कहीं ऊँचा होता है।
इसलिए यहीं उतर जाता हूँ।

उतर पड़ता है।

मदनिका : (आँखों में आँसू भरकर और हाथ जोड़कर) आप ठीक कर रहे हैं। परंतु मुझे पहले गुरुजनों के पास पहुँचा देते।

शर्विलक : बहुत ठीक कहा तूने प्रिये ! मेरे हृदय में भी यही बात थी। (चेट की ओर देखकर) भद्र, तुम सार्थवाह रेभिल का घर जानते हो ?

चेट : जानता हूँ।

शर्विलक : इन्हें वहाँ पहुँचा दो।

चेट : जैसी आज्ञा।

मदनिका : मैं आपकी आज्ञा से जा रही हूँ। आप अपना ध्यान रखिएगा।

चली जाती है।

शर्विलक : मैं अब

उदयन के अमात्य यौगंधरायण की तरह
अपने मित्र के उद्धार के लिए
अपने संबंधियों को,
अपने भुजबल से ख्याति-प्राप्त विटों को,
और राजा द्वारा अपमानित तथा उस पर कुपित राज-
कर्मचारियों को
भड़काने का प्रयत्न करूँगा।

एवं

राहु के मुख में चंद्रमा की तरह
मेरा मित्र
इस समय नीच आत्मशंकित शत्रुओं के अधिकार में है।
मैं इस समय तुरंत
उसके उद्धार का उपाय करता हूँ।

चला जाता है। चेटी आती है।

चेटी : (वसंतसेना के पास आकर) आर्ये, बधाई हो ! आर्य चारुदत्त के पास से एक ब्राह्मण आया है।

वसंतसेना : सच, कितना सुंदर है आज का दिन ! जा दासी, बंधुल के साथ उसे आदरपूर्वक अंदर ले आ।

चेटी : जैसी आज्ञा।

चली जाती है, फिर विदूषक तथा बंधुल के साथ प्रवेश करती है।

विदूषक : वाह-वाह-वाह ! राक्षसराज रावण ने तप करके चरणों को कितना

कष्ट दिया, तब कहीं उसे पुष्पक विमान में यात्रा का सुख प्राप्त हुआ। यहाँ मैं ब्राह्मण बिना तप किए और बिना चरणों को कष्ट दिए एक नर और नारी के साथ यात्रा का सुख प्राप्त कर रहा हूँ।

चेटी : आर्य देखिए, यह हमारे घर का द्वार है।

विदूषक : (देखकर विस्मय के साथ) अहा ! कितना रमणीय है वसंतसेना के घर का द्वार ! पहले पानी छिड़ककर इसे बुहारा गया है, फिर हरा लेप किया गया है। तरह-तरह के सुगंधित फूलों से भूमि को जैसे चित्रांकित कर दिया गया है। सिर ऐसे ऊँचा उठा है जैसे उत्सुक होकर यह आकाश की शोभा देख रहा हो। इधर-उधर भटकती हुई मल्लिका की मालाएँ हवा में हिलती हैं तो यूँ लगता है जैसे ऐरावत झूमता हुआ अपनी सूँड हिला रहा हो। ऊपर को उठे हुए हाथी-दाँत के तोरण भी कितने सुंदर हैं ! जहाँ-तहाँ सजाई गई मूल्यवान रत्नों से जड़ी पताकाएँ हवा में हिलती हैं तो लगता है जैसे हाथ हिला-हिलाकर मुझे बुला रही हों। तोरण बाँधने के लिए बनाई गई स्तंभवेदिका के दोनों ओर सुंदर स्फटिक के मंगलकलश ऐसे चमक रहे हैं जैसे आम की हरी-हरी पत्तियाँ हों। बड़े-बड़े असुरों के वक्षःस्थल की तरह दुर्भेद्य सोने के किवाड़ हैं जिन पर वज्र की कीलें लगी हैं। देखकर मेरे-जैसे छोटे व्यक्ति की अभिलाषाएँ मन में व्याकुल होने लगती हैं।

चेटी : इधर आइए आर्य ! अब इस पहले प्रकोष्ठ में प्रवेश कीजिए।

विदूषक : (अंदर आकर इधर-उधर देखता हुआ) अहा-हा-हा-हा ! इस पहले प्रकोष्ठ में कितनी सुंदर अट्टालिकाएँ है ! चाँद, शंख और मृणाल-जैसी। चारों ओर मुट्ठियाँ भर-भरकर फैलाए गए चंदन के चूरे ने इन्हें कितना शुभ्र बना रखा है ! सोने की सीढ़ियाँ तरह-तरह के रत्नों से जड़ी हैं। बिल्लौरी झरोखों पर मोतियों की मालाएँ लटकती देखकर लगता है जैसे सजी हुई दुलहिनें अपने चाँद-जैसे मुखड़ों से उज्जयिनी की शोभा देख रही हों। द्वारपाल वेद-पाठी ब्राह्मण की तरह बैठा सुख की नींद ले रहा है। दही-भात की बलि का लोभ रखनेवाले कौए अमृत के भुलावे में उसे खा नहीं रहे हैं। हाँ, अब आगे चलिए।

चेटी : इधर आइए आर्य ! अब इस दूसरे प्रकोष्ठ में प्रवेश कीजिए।

विदूषक : (अंदर आकर इधर-उधर देखता हुआ) अहा-हा ! यहाँ दूसरे प्रकोष्ठ में गाड़ियों के बैल बँधे हैं। पास में रखे घास और भूसे का कलेवा कर-करके ये कैसे मोटे हो रहे हैं ! तेल से चिकने इनके सींग कैसे चमक रहे हैं ! यह एक भैंसा इधर बैठा इस तरह लंबी-लंबी साँसें ले रहा है जैसे कोई कुलीन कहीं से अपमानित होकर आया हो। इधर युद्ध से भागकर आए हुए योद्धा की तरह इस भेड़े की गरदन मली जा रही है ! इधर घोड़ों का केश-शृंगार हो रहा है ! इधर के तबेले में यह बंदर चोर की तरह बँधा है। (दूसरी ओर देखकर) और इधर हस्तिपाल इस हाथी को धान के पिंड खिला रहे हैं और उनमें से तेल निचुड़ रहा है !...हाँ, अब आगे चलिए।

चेटी : इधर आइए आर्य ! अब इस तीसरे प्रकोष्ठ में प्रवेश कीजिए।

विदूषक : (अंदर आकर इधर-उधर देखता हुआ) अहा ! यहाँ तीसरे प्रकोष्ठ में कुलीन व्यक्तियों के बैठने के आसन रखे हैं। जुआ खेलने के चौखटे पर आधी पढ़ी हुई पुस्तक पड़ी है। इस चौखटे पर मणियों के गोट रखे हैं।...अब आगे चलिए।

चेटी : इधर आइए आर्य ! अब इस चौथे प्रकोष्ठ में प्रवेश कीजिए।

विदूषक : (अंदर आकर इधर-उधर देखता हुआ) अहा-हा-हा-हा-हा ! इस चौथे प्रकोष्ठ में युवतियों के हाथों से बजाए जा रहे मृदंग गंभीर मेघ-गर्जन-सा शब्द कर रहे हैं। काँसे की खड़ताल ऐसे नीचे को आते हैं जैसे पुण्य क्षीण होने से तारे आकाश से टूट रहे हों। बाँसुरी बजती है, तो लगता है जैसे भौंरे गुँजार कर रहे हों। खेल में रूठे बच्चे-जैसी इस वीणा को गोद में लेकर उँगलियों के स्पर्श से प्रसन्न किया जा रहा है। इधर मकरंद रस से मत्त मधुकरियों-सी कन्याएँ गीत गाती हुई नृत्य और अभिनय का अभ्यास कर रही हैं। झरोखों में रखी हुई पानी की गगरियाँ जैसे वायु सेवन कर रही हैं। अब आगे चलिए।

चेटी : इधर आइए आर्य ! अब इस पाँचवें प्रकोष्ठ में प्रवेश कीजिए।

विदूषक : (अंदर आकर और इधर-उधर देखकर) अहा-हा ! यहाँ पाँचवें प्रकोष्ठ में हींग और तेल की ऐसी गंध आ रही है कि किसी भी कँगले के मुँह में पानी भर आए। पाकगृह के विभिन्न द्वारों से सुगंधित धुआँ इस तरह बाहर निकल रहा है जैसे अंतस्ताप से

बेचारा निःश्वास छोड़ रहा हो। तरह-तरह के पकवानों की गंध तो मुझे बहुत ही व्याकुल कर रही है। वह सुंदर बालक मांस को ऐसे धो रहा है जैसे वह फटा हुआ कपड़ा हो। इधर पाचक तरह-तरह के व्यंजन बना रहा है। लड्डू बाँधे जा रहे हैं, पुए पकाए जा रहे हैं। (स्वगत) यहाँ इतना कुछ है, कोई आकर मुझसे कहे खा, तो क्या पैर धोने के लिए पानी भी मिल जाएगा ? (दूसरी ओर देखकर) यहाँ तरह-तरह के आभूषणों से सजी हुई स्त्रियों और पुरुषों को घूमते देखकर लगता है जैसे यह स्थान स्वर्ग हो और ये लोग गंधर्व और देवता हों। कौन लोग हैं ये !

चेटी : इधर आइए आर्य ! अब इस छठे प्रकोष्ठ में प्रवेश कीजिए।

विदूषक : (अंदर आकर और इधर-उधर देखकर) अहा ! इस छठे प्रकोष्ठ में ये सोने और मणियों के कामदार तोरण हैं। बीच-बीच में नीले रत्न जुड़े होने से ये इंद्रधनुष-से लग रहे हैं। मणियों के पारखी वैदूर्य, मोती, मूँगा, पुष्पराग, इंद्रनील, कर्केतरक, पद्मराग तथा मरकत आदि मणियों को लेकर विमर्श कर रहे हैं। सोने में मानिक जड़े जा रहे हैं, लाल धागे से सोने के हार पिरोए जा रहे हैं, और मोती गूँथ-गूँथकर आभूषण बनाए जा रहे हैं। कहीं वैदूर्य मणियों को धीरे-धीरे घिसा जा रहा है, कहीं शंखों में छेद किए जा रहे हैं, कहीं मूँगे सान पर घिसे जा रहे हैं और कहीं गीले कुंकुम-पत्थर सुखाए जा रहे हैं। कहीं कस्तूरी इकट्ठी की जा रही है, कहीं चंदन को विशेष रूप से घिसा जा रहा है, कहीं सुगंधित लेप मले जा रहे हैं। कहीं चितवन दिखाई देती है, कहीं हँसी गूँजती है और कहीं कोई पेय पीने का सत्कार होता है। यहाँ चेट चले जा रहे हैं, वहाँ चेटियाँ !...अब आगे चलिए।

चेटी : इधर आइए आर्य ! अब इस सातवें प्रकोष्ठ में प्रवेश कीजिए।

विदूषक : (अंदर आकर और इधर-उधर देखकर) अहा-हा-हा-हा-हा-हा ! इस सातवें प्रकोष्ठ में कबूतरों के जोड़े सुंदर पालकियों में सुख से पड़े चोंच-से-चोंच मिलाकर विश्राम कर रहे हैं। इधर पिंजरे में तोता दही-भात खाकर तृप्त ब्राह्मण की तरह सूत्रपाठ कर रहा है। यह मैना ऐसे कुरकुर कर रही है जैसे स्वामी की सिर पर चढ़ाई हुई दासी करती है। तरह-तरह के फलों के स्वाद से गला

मीठा करके कोयल इस तरह कूक रही है जैसे कोई संगीत-कला-विशारदा कूकती है। इधर खूँटियों पर पिंजरों की कतारें लटक रही हैं। कहीं लावक लड़ रहे हैं, कहीं पालतू तीतर अपना राग अलाप रहे हैं और कहीं पालतू कबूतरों को संदेश देकर भेजा जा रहा है। प्रसन्न होकर नाचते हुए मोर को देखकर लगता है जैसे यह मणियों से जड़ा हो; अपने पंखों की हवा से यह जैसे धूप से तपे हुए भवन को ठंडा कर रहा है। (दूसरी ओर देखकर) राजहंसों के जोड़े—पुंजीभूत चंद्रकिरणों से गति की शिक्षा लेते हुए-से उनके पीछे-पीछे चल रहे हैं। सारस घर के पूज्य वृद्धों की तरह मुँह उठाए इधर-उधर घूम रहे हैं !... अहा-हा-हा-हा ! वसंतसेना ने इस घर में इतने और इतनी तरह के पक्षी इकट्ठे कर रखे हैं कि मुझे यह घर नंदन-वन लग रहा है। चलिए, आगे चलिए।

चेटी : इधर आइए आर्य ! अब इस आठवें प्रकोष्ठ में प्रवेश कीजिए।

विदूषक : (अंदर आकर देखता हुआ) सुनिए, वह व्यक्ति कौन है, वह जो रेशमी वस्त्र पहने है और तरह-तरह के अनेक अद्भुत आभूषणों से अलंकृत है, और इधर-से-उधर डगमगाता और हाथ-पैर पटकता हुआ घूम रहा है ?

चेटी : आर्य, यह आर्या वसंतसेना का भाई है।

विदूषक : कितना तप किया होगा इसने जो वसंतसेना का भाई बन सका है ! परंतु नहीं। चाहे यह इतना सुंदर, रूपवान और सुगंधियों से सना हुआ है, फिर भी श्मशान की गली में उत्पन्न चंपक के वृक्ष की तरह संसार के लिए इसका संपर्क वर्जित है।...और देखिए, यह कौन है जो फूलदार चादर ओढ़े और तेल से चिकने पाँव खड़ाऊँ में डाले ऊँचे आसन पर बैठी है ?

चेटी : यहाँ आर्या वसंतसेना की माता हैं।

विदूषक : अच्छा ! इसे महादेव की तरह क्या शोभा के लिए ही यहाँ बिठाया गया है ?

चेटी : कलमुँहे, हमारी माँ के लिए इस प्रकार के हल्के बोल बोलता है ? ये चौथिया के ज्वर से पीड़ित हैं।

विदूषक : (परिहास के स्वर में) हे चौथिया जवर महाराज ! इस ब्राह्मण पर भी अपनी ऐसी ही कृपादृष्टि करना।

चेटी : कलमुँहे, मर जाएगा तू।

विदूषक : (परिहास के स्वर में) अरी दासी की पुत्री ! ऐसी भरित-पोषित काया हो, तो व्यक्ति को मर ही जाना चाहिए। अच्छा बताइए, आप लोगों की कुछ वाहिकाएँ भी चलती हैं ?

चेटी : नहीं तो।

विदूषक : अरे, मैं भी क्या पूछ रहा हूँ ? वसंतसेना के आठ प्रकोष्ठों के इस भवन में विभिन्न क्रिया-व्यापारों को देखकर मुझे लग रहा है कि मैंने तीनों लोक एक साथ एक ही स्थान पर देख लिये हैं। मेरी वाणी में इतनी शक्ति नहीं कि मैं इसकी प्रशंसा कर सकूँ। समझ में नहीं आता कि यह आर्या का घर है या कुबेर के घर का एक भाग। हाँ, तो आर्या वसंतसेना कहाँ हैं ?

चेटी : वह इधर वृक्षवाटिका में हैं। आप अंदर चलें।

विदूषक : (अंदर आकर और देखकर) अहा-हा ! कैसी सुरम्य वाटिका है ! तरह-तरह के पेड़ों पर फूलों के गुच्छे कितने सुंदर ढंग से खिले हैं ! घने वृक्षों पर झूले डाले गए हैं। चारों ओर स्वर्णयूथिका, शेफाली, मालती, मल्लिका, नवमल्लिका, कुरवक तथा माधवी के फूल अपने-आप झड़कर ऐसे बिखरे हैं कि नंदन-वन की सुंदरता मंद पड़ रही है। (दूसरी ओर देखकर) उदय काल के सूर्य की तरह चमकते हुए लाल कमलों से यह वापी जैसे संध्यार्चन कर रही है।

और

नए-नए फूलों और किसलयों से सजे हुए
अशोक वृक्ष को देखकर यूँ लगता है
जैसे लहू के घने कीचड़ से लथपथ
कोई योद्धा
समरांगण में खड़ा हो।

हाँ, तो कहाँ है तुम्हारी आर्या वसंतसेना ?

चेटी : आप अपनी दृष्टि कुछ नीची करें तो वह आपको दीख जाएँगी।

विदूषक : (देखकर और पास जाकर) कल्याण हो !

वसंतसेना : अरे मैत्रेय ! (उठकर) स्वागत हो ! यह आसन ले लीजिए।

विदूषक : आप बैठिए।

दोनों बैठ जाते हैं।

वसंतसेना : सार्थवाहपुत्र सकुशल हैं न ?

विदूषक : हाँ, सकुशल हैं।

वसंतसेना : आर्य मैत्रेय, अब भी क्या

उस सुंदर वृक्ष पर
जिसके पत्ते गुणों के हैं और शाखाएँ विनय की,
मूल विश्वास का है, फूल गौरव के,
और फल जिस पर अपने आचरण के आते हैं—
आज भी उस वृक्ष पर
क्या वे पक्षी—उनके मित्र—
पहले की तरह विश्राम पाने आते हैं ?

विदूषक : (स्वगत) आर्या तो सबकुछ जानती हैं। (प्रकट) हाँ-हाँ, क्यों नहीं ?

वसंतसेना : अच्छा बताइए, आप कैसे आए हैं ?

विदूषक : बताता हूँ। आर्य चारुदत्त ने अंजलि सिर पर रखकर निवेदन किया है...

वसंतसेना : (हाथ जोड़कर) क्या आज्ञा की है उन्होंने ?

विदूषक : कि भ्रम से आपका स्वर्णपात्र अपना समझकर उन्होंने जुए में हार दिया है। वह द्यूताध्यक्ष राजा का संदेश लेकर न जाने कहाँ चला गया है।

चेटी : बधाई हो आर्ये ! आर्य चारुदत्त जुआ खेलने लगे हैं।

वसंतसेना : (स्वगत) चोरी चले जाने पर भी उनकी उदारता यह कहती है कि जुए में हार दिया है ! इसीलिए तो मन में उनके लिए इतनी उत्कट कामना है।

विदूषक : अतः उसके स्थान पर आप यह रत्नावली स्वीकार करें।

वसंतसेना : (स्वगत) क्या वह पात्र इस व्यक्ति को दिखला दूँ ? (सोचकर) नहीं, ऐसा नहीं करूँगी।

विदूषक : क्या आप यह रत्नावली स्वीकार नहीं करेंगी ?

वसंतसेना : (हँसकर और चेटी की ओर देखकर) स्वीकार क्यों नहीं करूँगी, आर्य मैत्रेय ? रत्नावली लेकर रख लेती है।
(स्वगत) क्या मंजरियों से रहित आम के वृक्ष से भी मकरंद की बूँदें टपकती हैं ? (प्रकट) आर्य, द्यूतकार आर्य चारुदत्त से मेरी ओर से कह दें कि संध्या के समय मैं उनसे मिलने के लिए

आऊँगी।

विदूषक : (स्वगत) क्यों नहीं ? वहाँ जाकर अभी और कुछ ठगना होगा। (प्रकट) हाँ-हाँ, मैं अवश्य कह दूँगा। (स्वगत) कह दूँगा कि तुमसे दूर ही रहें, तो अच्छा है।

चला जाता है।

वसंतसेना : यह आभूषण ले ले, दासी ! आर्य चारुदत्त से मिलने के लिए...हम इसी समय चलेंगी।

चेटी : आर्ये, देखिए, असमय ही कैसी काली घटाएँ उठ रही हैं !

वसंतसेना : उठने दे घटाएँ
उतरने दे रात और धारासार वर्षा होने दे।
हृदय के पग बढ़ चुके हैं, तो
ये सब आपदाएँ मेरे लिए कुछ भी नहीं।
तू हार ले ले और शीघ्र चली आ।

दोनों का प्रस्थान।

मदनिका-शर्विलक नामक चौथा अंक।

अंक : पाँच

उत्कंठित मनःस्थिति में आसन पर
बैठे हुए चारुदत्त का प्रवेश।

चारुदत्त : (ऊपर की ओर देखकर) आज असमय ही काली घटाएँ उठ रही हैं।

उत्कंठित मयूर
पंख फैलाए देख रहे हैं ;
यायावर हंस
उन्मन और उदास हो गए हैं।
असमय उठती हुई काली घटाएँ
आकाश के साथ-साथ
उत्कंठित हृदयों में भी घिरी आ रही हैं।

एवं

नीला मेघ !
भीगे महिषोदर और भौंरे का वर्ण !
विद्युत् पीतांबर—
और बगुलों का शंख !
वामन है यह
जो आकाश का अतिक्रमण कर रहा है !

एवं

तिरछी बकुलपंक्ति का शंख
और विद्युत् का कौशेय।
चक्रधर विष्णु-सा नीलवर्ण मेघ
आकाश में छा रहा है।

एवं

फटे हुए अंबर के धागों-जैसी
पिघली हुई चाँदी की धाराएँ
बादलों के गर्भ से

वेगपूर्वक उतर रही हैं।
विद्युत् की दीपशिखा में
पल-भर झिलमिलाकर
अँधेरे में डूब जाती हैं।

एवं

मिलते हुए चक्रवाक,
उड़ते हुए हंस
समुद्र से उठे हुए
मीन और मकर-समूह !
ऊँचे-ऊँचे प्रासाद—
कितनी-कितनी आकृतियाँ हैं !
हवा में उड़ते हुए मेघों ने
आकाश को चित्रलिखित-सा कर दिया है।
मेघों के घिर आने से
आकाश में
धृतराष्ट्र के राज्य-सा अंधकार छा गया है !
अपने बल पर गर्वित दुर्योधन की तरह
मयूर प्रमुदित होकर बोल रहा है;
जुए में हारे युधिष्ठिर की तरह
कोयल का स्वर मौन है,
और पांडवों की तरह हंस
अज्ञातवास में चले गए हैं।

(सोचते हुए) मैत्रेय को वसंतसेना के पास गए बहुत समय हो गया, अभी तक लौटकर नहीं आया !

विदूषक : (आता हुआ) देख लिया स्त्री का लोभ और छोटापन ! कोई बात ही नहीं की। बिना कुछ कहे उदासीन भाव से रत्नावली रख ली। इतनी संपत्ति है, फिर भी यह नहीं कहा कि आर्य मैत्रेय, कुछ देर विश्राम कर लो, एक कटोरा पानी ही पीकर जाओ। मैं उस वसंतसेना का अब कभी मुँह भी नहीं देखूँगा। (दुःखी स्वर में) सच ही कहते हैं कि कमलिनी के मूल न हो, बनिया ठगी न करे, सुनार चोरी न करे, ग्रामीणों के समागम में झगड़ा न हो और स्त्री को धन का लोभ न हो, यह असंभव है। तो चलकर प्रिय

मित्र को वसंतसेना से बचाने का प्रयत्न करूँ। (घूमकर और चारुदत्त को देखकर) मित्र तो यहीं वृक्ष-वाटिका में बैठे हैं। तो पास चलूँ। (चारुदत्त के पास जाकर) कल्याण हो ! बहुत-बहुत उन्नति हो !

चारुदत्त : (देखकर) तो मित्र मैत्रेय लौट आया ! स्वागत हो मित्र ! बैठो !

विदूषक : यह लो बैठ गया।

चारुदत्त : तो हाँ, क्या कर आए ?

विदूषक : सब चौपट हो गया।

चारुदत्त : उसने रत्नावली नहीं ली ?

विदूषक : अपना ऐसा भाग्य कहाँ है ! नए कमल-जैसी कोमल अंजलि से मस्तक को छुआ और ले ली।

चारुदत्त : फिर यह क्यों कह रहे हो कि सब चौपट हो गया ?

विदूषक : चौपट नहीं हुआ ? जिसे न खाया न पिया और जिसे उठाकर ले गए चोर, उस साधारण स्वर्णपात्र के लिए चार समुद्रों की सारभूत अपनी रत्नावली चली गई !

चारुदत्त : ऐसा न कहो मित्र

जिस विश्वास के सहारे
उसने यह धरोहर हमारे पास रखी थी,
उसी महान विश्वास का मूल्य
हम इस रूप में चुका रहे हैं।

विदूषक : देखा मित्र, मुझे एक और बात का भी बहुत दुःख है। सखियों को जाने संकेत से क्या कहकर और आँचल से मुँह ढककर उसने मेरा उपहास भी उड़ाया है। मैं ब्राह्मण हूँ, फिर भी सिर के बल होकर आपसे प्रार्थना करता हूँ कि अपनी आत्मा को आर्या की छाया से बचाइए। इसमें सब बाधाएँ-ही-बाधाएँ हैं। वह एक बार जीवन में आ जाएगी तो पादुका में घुसे कंकड़ की तरह निकलने का नाम नहीं लेगी।

चारुदत्त : तुम अकारण ही निंदा कर रहे हो मित्र ! मेरी अवस्था ही मुझे उससे दूर रखे हुए है। देखो

प्राण थके हुए हों और चरण चल न सकें
तो दौड़ना चाहकर भी अश्व से दौड़ा नहीं जाता।
मनुष्य की मनोकामनाएँ चाहती तो सभी कुछ हैं

परंतु अंत में थकी हुई वे हृदय में ही खो रहती हैं।
मैं आज धन-विहीन हूँ
अतः वह मुझसे क्या पाएगी ?

विदूषक : (नीचे देखता हुआ, स्वगत) ये ऊपर की ओर देखकर जैसे लंबी-लंबी साँसें भर रहे हैं, उससे तो लगता है कि मेरे रोकने से इनकी उत्कंठा और भी बढ़ रही है। (प्रकट) उसने कहा था, चारुदत्त से कह देना कि आज संध्या के समय मैं मिलने आऊँगी। मुझे लगता है कि रत्नावली से उसको संतोष नहीं हुआ, इसलिए कुछ और लेने के लिए आ रही है।

चारुदत्त : आने दो मित्र ! यहाँ से वह असंतुष्ट नहीं जाएगी।

चेट : (आकर) सुनो सज्जनो !

ज्यों-ज्यों बरसता है बादल
त्यों-त्यों भीगता है चाम !
ज्यों-ज्यों लगती है ठंड
त्यों-त्यों काँपता है मन !

(हँसकर) मैं

सात छेदों की बाँसुरी
और सात तारों की वीणा बजा सकता हूँ।
गधे के स्वर में मैं
सुंदर गीत भी गा सकता हूँ।
नारद और तुंबुरु
ये दोनों मेरे सामने क्या हैं ?

आर्या वसंतसेना ने आदेश दिया है कि कुंभीलक, जाओ, जाकर आर्य चारुदत्त को मेरे आने की सूचना दे दो। तो आर्य चारुदत्त के घर के अंदर चलूँ। (घूमकर और देखकर) आर्य चारुदत्त यहाँ वृक्ष-वाटिका में बैठे हैं। वह दुष्ट ब्राह्मण भी यहीं है। तो पास चलूँ। अरे ! वृक्ष-वाटिका का द्वार बंद क्यों है ?...तो इस दुष्ट ब्राह्मण को संकेत से बुलाता हूँ।

कंकड़ फेंकता है।

विदूषक : अरे कौन है जो दीवार से घिरे हुए कैथ की तरह मुझ पर कंकड़ फेंक रहा है ?

चारुदत्त : उद्यान-भवन की वेदी से कबूतरों ने गिराए होंगे, मित्र !

विदूषक : अरे दासी के पुत्र दुष्ट कबूतर ! तू ठहर तो जा ! अभी पके हुए आम की तरह तुझे अपने इस डंडे से नीचे गिराता हूँ।

डंडा उठाकर भागने लगता है।

चारुदत्त : (उसे यज्ञोपवीत से पकड़कर) बैठ जाओ मित्र ! क्या रखा है इसमें ? बेचारे कबूतर को विश्राम करने दो।

चेट : तो इन्हें कबूतर ही दिखाई देते हैं, मैं दिखाई नहीं देता ! अच्छा, फिर और कंकड़ फेंकता हूँ।

कंकड़ फेंकता है।

विदूषक : (इधर-उधर देखकर) अरे ! यह तो कुंभीलक है ! तो इसके पास चलूँ। (पास जाकर और द्वार खोलकर) स्वागत है, कुंभीलक ! आओ, अंदर आओ।

चेट : (अंदर आकर) आर्य, प्रणाम करता हूँ।

विदूषक : ऐसे अँधेरे दुर्दिन में कैसे चले आए ?

चेट : वही आई है।

विदूषक : कौन ?

चेट : वही !

विदूषक : दासी के पुत्र ! अकाल के समय बूढ़े कंगाल की तरह मुँह बाए 'वही-वही' किए जाते हो ?

चेट : और तुम भी तो यज्ञबलि के भूखे कौए की तरह 'कौन-कौन' की रट लगाए हो !

विदूषक : तो बात तो बताओ।

चेट : (स्वगत) इसे इस तरह बताऊँ। (प्रकट) देखो, मैं तुमसे एक प्रश्न पूछता हूँ।

विदूषक : और मैं पैर से तुम्हारा सिर फोड़ता हूँ।

चेट : यह बताओ कि आम में मंजरियाँ किस ऋतु में आती हैं ?

विदूषक : ग्रीष्म ऋतु में, दासी के पुत्र !

चेट : (हँसकर) नहीं, नहीं, नहीं।

विदूषक : (स्वगत) तो कब आती हैं ? (सोचकर) जाकर चारुदत्त से पूछूँ ! (प्रकट) अरे, पल-भर ठहर जा। (चारुदत्त के पास जाकर मित्र, आम पर मंजरियाँ किस ऋतु में आती हैं ?

चारुदत्त : मूर्ख, वसंत में !

विदूषक : (चेट के पास जाकर) मूर्ख, वसंत में।

चेट : अब तुमसे दूसरा प्रश्न पूछता हूँ। एक स्मृद्धिशाली ग्राम की रक्षा का भार किस पर रहता है ?

विदूषक : गाँव की गली पर।

चेट : (हँसकर) नहीं, नहीं, नहीं।

विदूषक : इसने फिर संशय में डाल दिया। (सोचता हुआ) तो जाकर चारुदत्त से पूछूँ।

पहले की तरह चारुदत्त के पास जाकर पूछता है।

चारुदत्त : मित्र, सेना पर।

विदूषक : (चेट के पास आकर) दासी के पुत्र, सेना पर।

चेट : अब इन दोनों को मिलाकर एक साथ बोलो।

विदूषक : सेनावसंत।

चेट : ऐसे नहीं, पलटकर बोलो।

विदूषक : (अपना शरीर पलटकर) सेनावसंत।

चेट : अरे मूर्ख ब्राह्मण, पद पलटकर बोलो।

विदूषक : (अपने पैर पलटकर) सेनावसंत।

चेट : नहीं मूर्ख, शब्द पलटकर।

विदूषक : (सोचकर) वसंतसेना।

चेट : हाँ, वही आई हैं।

विदूषक : हाँ ! ! तो जाकर चारुदत्त को बता दूँ। (चारुदत्त के पास जाकर) मित्र चारुदत्त, तुम्हारे महाजन आए हैं।

चारुदत्त : हमारे कुल में कौन महाजन है ?

विदूषक : कुल में न हो, द्वार पर तो है !...वसंतसेना आई है।

चारुदत्त : क्यों मुझे झुठलाते हो, मित्र ?

विदूषक : मेरी बात पर विश्वास नहीं, तो कुंभीलक से पूछ लो। ओ दासी के पुत्र कुंभीलक, इधर तो आना !

चेट : (पास आकर) आर्य, प्रणाम करता हूँ।

चारुदत्त : स्वागत हो, भद्र ! क्या सचमुच वसंतसेना आई है ?

चेट : जी हाँ। सचमुच वह आ रही हैं।

चारुदत्त : (हर्षपूर्वक) भद्र, प्रिय समाचार देनेवाला मेरे पास से खाली हाथ नहीं जाता। यह लो पारितोषिक !

अपना उत्तरीय उसे दे देता है। चेट

उत्तरीय लेकर प्रणाम करता है।

चेट : (पारितोष के स्वर में) जाकर आर्या को सूचित कर दूँ।

चला जाता है।

विदूषक : पता भी है कि ऐसे दुर्दिन में वह क्यों आई है ?

चारुदत्त : मित्र, मैं ठीक नहीं कह सकता।

विदूषक : मैं कह सकता हूँ। रत्नावली थोड़े मूल्य की है, स्वर्णपात्र अधिक मूल्य का था। इसलिए कुछ और लेने के लिए आई है।

चारुदत्त : (स्वगत) तो असंतुष्ट नहीं जाएगी।

छत्रधारिणी[1] और विट के साथ
उज्ज्वल वेश में वसंतसेना का प्रवेश।
उसका भाव उत्कंठित है।

विट : (वसंतसेना को लक्ष्य करके)
देखा वसंतसेने !
रमणियों के वियोगी हृदयों की तरह मलिन,
शैल शिखरों पर झुके हुए मेघ
घोर गर्जन कर रहे हैं।
उस शब्द को सुनकर
मयूर चौंक उठे हैं
और मणिमय तालवृंतों जैसे पंखों से
आकाश को व्यजन कर रहे हैं !
एवं
कीचड़ में सने हुए
धाराओं से आहत मेंढक
पानी पी रहे हैं !
चंचल-पद मयूर
उन्मुक्त कंठ से शब्द कर रहे हैं।
कदंब खिल उठे हैं
और संन्यासी चंद्रमा
कुल-कलंक व्यक्तियों-से मेघों से घिर गया है।
विक्षिप्त युवती-सी विद्युत्
यहाँ-से-वहाँ भटक रही है !

---

1. चेटी के प्रवेश का संकेत भी यहीं अपेक्षित है। (अनु.)

वसंतसेना : आप ठीक कह रहे हैं, आचार्य !

सपत्नी-सी रात
क्रोध से गरजती हुई
मार्ग रोक रही है,
बार-बार चाह रही है
कि मैं लौट जाऊँ !

विट : यदि ऐसा है, तो तुम इसे उलाहना दो।

वसंतसेना : इसे उलाहना देकर क्या होगा ? मैं कहती हूँ कि

मेघ जी-भर बरस और गरज लें
और चाहे वज्र भी गिरा लें—
मैं अपने निश्चय से कदापि नहीं डिगूँगी।

विट : देखो वसंतसेने !

पवन की-सी गति
और स्थूल धाराओं के बाण,
गर्जन का पटहनाद
और विद्युत् की पताका—
नृपति है यह मेघ !
जिसने
आकाश के नगर में
तेजहीन शत्रु जैसे
चंद्रमा की किरणों को
पराजित कर डाला है !

वसंतसेना : आप ठीक कह रहे हैं।

गजेंद्र-से मलिन
और जल-भार से झुके हुए,
विद्युत् की रेखाओं से अंकित
ये बगुलों-से चितकबरे मेघ
हृदय को बींधने के लिए
क्या पर्याप्त नहीं ?

विट : तुम ठीक कह रही हो। देखो न

बकपंक्ति का पांडुर उष्णीश
और विद्युत् का झूलता हुआ चामर !

आज आकाश
मत्त वारण-सा झूल रहा है !

वसंतसेना : और देखिए आचार्य !
गीले तमाल पत्रों के-से मलिन मेघों ने
सूर्य को पी लिया है !
बाणाहत हाथियों की तरह
धाराओं से आहत वल्मीक
गिर रहे हैं।
स्वर्णदीपिका-सी विद्युत्
अट्टालिकाओं पर मँडरा रही है।

विट : देखो वसंतसेने !
बरसते हुए मेघ
विद्युत् की डोर से बँधे हाथी हैं
जो
इंद्र का आदेश पाकर
परस्पर प्रयत्न से
चाँदी की रस्सी से
धरती को उठा रहे हैं !
एवं
हवा से फूले हुए,
महिषों से नील वर्ण
और उमड़ते सागर की तरह व्याकुल मेघ
विद्युत् के चंचल पंखों पर उड़ते हुए,
अपनी गंध में डूबी,
हरे-हरे नए अंकुरों से लदी हुई
धरती को
मणिमय बाणों-जैसी धाराओं से
अनवरत बींध रहे हैं !

वसंतसेना : हाँ आचार्य !
मयूर केका-रव से इसे निमंत्रित कर रहे हैं
और उत्कंठित बकुल
वेग से उड़ते हुए इसका आलिंगन कर रहे हैं !

कमलों के पास से हटते हुए हंस
उद्विग्न होकर इसे देख रहे हैं !
चारों दिशाओं में अंजन बिखेरता हुआ मेघ
ऊपर को उठ रहा है !

विट : सच बात है।
कमलों ने आँखें मूँद ली हैं
और रात-दिन का अंतर मिट गया है !
अँधेरा विद्युत् के प्रकाश में झिलमिला रहा है
और दिशाएँ मुँह ढककर सो गई हैं !
घिरे हुए बादलों के छत्र के नीचे
बरसती हुई धाराओं के भवन में
जगत् विश्राम की नींद सो रहा है।

वसंतसेना : हाँ आचार्य !
कृतघ्न के प्रति किए गए उपकारों की तरह
तारिकाएँ व्यर्थ हो गई हैं
दिशाएँ स्नेहहीन दीप की तरह श्रीहीन हैं।
इंद्र के वज्र की आग से तपा हुआ आकाश
पिघलकर
पानी के रूप में नीचे आ रहा है।
एवं
कभी सिर उठाता है,
कभी झुका लेता है,
गरजता और बरसता हुआ
कभी अंधकार फैला देता है।
मेघ नया-नया धनिक है
जो क्षण-क्षण में अपना रूप बदल लेता है।

विट : ठीक बात है।
विद्युत् से जलता हुआ
और बकुल पंक्तियों से हँसता हुआ आकाश
इंद्रधनुष से धाराओं के सौ-सौ बाण छोड़कर
युद्ध कर रहा है !
वज्रनाद से गरजता

और वायु के वेग से परिभ्रमण करता हुआ
जहरीले साँपों-जैसे काले मेघों से
चारों ओर सुगंधि-धूम फैला रहा है !

वसंतसेना : निर्लज्ज है तू मेघ
जो आर्य के घर जाने के समय
गरज-गरजकर मुझे भयभीत कर रहा है
और अपनी धाराओं के हाथों से छू रहा है।

हे इंद्र !
क्यों गरजता है मेघ ?
मेरा मार्ग वर्षा से क्यों रोक रहा है ?

एवं
इंद्र,
अहल्या के प्रेम में
तुमने अपने को गौतम बताया था,
आज मेरे दुःख को समझो
और इस मेघ को हटा लो!

एवं
गरज लो, बरस लो, या सौ-सौ वज्र गिरा लो इंद्र !
लेकिन आज मेरी राह
रोक पाना असंभव है।

एवं
मेघ बरसता है, बरसे
निष्ठुरता पुरुषों का स्वभाव ही है !
परंतु नारी हृदय का दुःख
विद्युत्,
क्या तू भी नहीं समझ पाती ?

विट : न, अब इसे और उलाहना मत दो। यह उपकार भी तो कर रहा है।
ऐरावत के वक्ष की सुनहरी डोर
और पर्वत-शिखर की श्वेत पताका-जैसी विद्युत्
इंद्रभवन की दीपशिखा की तरह
आर्य के घर का मार्ग

तुम्हारे लिए आलोकित कर रही है।

वसंतसेना : आप ठीक कह रहे हैं, आचार्य ! यह रहा उनका घर।

विट : देखो, तुम सब कलाओं में निष्णात हो, तुम्हें मैं क्या उपदेश दूँगा ? फिर भी स्नेहवश कह रहा हूँ। जाकर उन्हें क्रोध दिखलाओगी, परंतु अधिक नहीं। तो अब अंदर चलो।...देखो भाई, आर्य चारुदत्त को सूचित कर दो।

चारुदत्त : (सुनकर) मित्र, देखो क्या बात है ?

विदूषक : जैसी आज्ञा। (वसंतसेना के पास जाकर) कल्याण हो !

वसंतसेना : प्रणाम करती हूँ, आर्य ! मेरा आना अच्छा तो लग रहा है ? (विट से) आचार्य, इस छत्रधारिणी को आप अपने साथ ले जाइए।

विट : (स्वगत) कितना अच्छा ढंग है मुझे यहाँ से भेजने का ! (प्रकट) हाँ, ले जाऊँगा। मैं चला, वसंतसेना !

विट का प्रस्थान।[1]

वसंतसेना : आर्य मैत्रेय, तुम्हारे वे जुआरी कहाँ हैं ?

विदूषक : (स्वगत) अहा-हा ! जुआरी कहकर मेरे मित्र की क्या शोभा बढ़ाई है ! (प्रकट) उधर बैठे हैं सूखी वृक्ष-वाटिका में।

वसंतसेना : क्यों आर्य, इस वृक्ष-वाटिका को आप सूखी क्यों कहते हैं ?

विदूषक : क्योंकि इसमें मुझे कुछ न खाने को मिलता है, न पीने को।

वसंतसेना मुसकराती है।

वसंतसेना : आइए, अंदर चलिए। (अलग से) अंदर जाकर मुझे क्या कहना होगा ?

चेटी : कहना जुआरी, तुम्हारी संध्या अच्छी तो बीत रही है ?

वसंतसेना : यह मुझसे कहा जाएगा ?

चेटी : अवसर अपने-आप कहला देगा।

विदूषक : आइए, आइए।

वसंतसेना अंदर आकर चारुदत्त पर फूल फेंकती है।

वसंतसेना : जुआरी, तुम्हारी संध्या अच्छी तो बीत रही है ?

चारुदत्त : (देखकर) आ गई तुम वसंतसेने ! (उठकर हर्ष के साथ) स्वागत है ! यह आसन लेकर बैठ जाओ।

---

1. छत्रधारिणी के साथ (अनु.)।

विदूषक : यह रहा आसन। इस पर बैठ जाइए।

वसंतसेना बैठ जाती है। और सब भी बैठ जाते हैं।

चारुदत्त : देखो मित्र,

कान में टँगे
कदंब के फूल ने
वर्षा का जल गिरा-गिराकर
इनका मानो अभिषेक कर दिया है।

देखो वसंतसेना के वस्त्र भीग गए हैं। इनके लिए एक जोड़ा सूखे वस्त्र ला दो।

विदूषक : जैसी आज्ञा।

चेटी : ठहरो आर्य मैत्रेय ! आर्या की सेवा मुझे करने दो।

तदनुसार कार्य करती है।

विदूषक : (अलग से) मित्र, कहो तो मैं इनसे एक बात पूछ लूँ ?

चारुदत्त : हाँ-हाँ, क्यों नहीं ?

विदूषक : (प्रकट) क्या मैं जान सकता हूँ कि ऐसे अँधेरे दुर्दिन में, जबकि न चाँद है न चाँदनी, आप यहाँ कैसे आई हैं ?

चेटी : कितना सीधा ब्राह्मण है !

वसंतसेना : यह कह कि कितना चतुर ब्राह्मण है !

चेटी : आर्या यह पूछने के लिए आई हैं कि उस रत्नावली का मूल्य क्या है ?

विदूषक : (अलग से) क्यों मित्र, मैंने कहा था न कि रत्नावली थोड़े मूल्य की है, स्वर्णपात्र अधिक मूल्य का था, इसलिए कुछ और लेने के लिए आई हैं ?

चेटी : आर्या ने भ्रम से उसे अपनी समझकर जुए में हार दिया है। वह द्यूताध्यक्ष राजा का संदेश लेकर न जाने कहाँ चला गया है !

विदूषक : आप मेरी कही हुई बात कह रही हैं !

चेटी : जब तक वह व्यक्ति नहीं मिलता, तब तक के लिए आप यह स्वर्णपात्र अपने पास रख लें।

स्वर्णपात्र उसे दिखलाती है। विदूषक सोच में पड़ जाता है।

आप सोच में पड़ गए ? क्या यह स्वर्णपात्र आपने पहले कहीं

देखा है ?

विदूषक : इसका शिल्प बहुत अच्छा है, इसलिए आँखें इससे हटती नहीं।

चेटी : आपकी दृष्टि आपको धोखा दे रही है, आर्य ! यह वही स्वर्णपात्र है।

विदूषक : (प्रसन्न होकर) देखा मित्र, यह वही स्वर्णपात्र है, जिसे हमारे घर से चोर चुराकर ले गए थे।

चारुदत्त : मित्र,

धरोहर लौटाने का।
जो बहाना हमने किया था,
वही हमारे साथ किया जा रहा है।
किंतु यह क्या सचमुच वही पात्र है,
या हमारे साथ छल किया जा रहा है ?

विदूषक : मैं अपने ब्राह्मणत्व की सौगंध खाता हूँ, यह वही पात्र है।

चारुदत्त : तब तो यह बहुत ही प्रिय सूचना है।

विदूषक : (अलग से) मैं इनसे पूछूँ कि यह इन्हें मिला कहाँ से है ?

चारुदत्त : हाँ, पूछने में क्या हानि है ?

विदूषक : (चेटी के कान में) देखो, बात यह है कि...।

चेटी : (विदूषक के कान में) देखो, बात यह है कि...।

चारुदत्त : तुम दोनों इस तरह क्यों बात कर रहे हो ? हम लोग क्या बाहर के व्यक्ति हैं ?

विदूषक : (चारुदत्त के कान में) देखो, बात यह है कि...।

चारुदत्त : भद्रे, क्या सचमुच यह वही स्वर्णपात्र है ?

चेटी : जी हाँ, यह वही है।

चारुदत्त : प्रिय समाचार देनेवाला मेरे यहाँ से कभी खाली हाथ नहीं जाता। लो यह अँगूठी।

उँगली में अँगूठी न होने से सहसा लज्जित हो उठता है।

वसंतसेना : (स्वगत) इसीलिए तो मैं मन में तुम्हारी पूजा करती हूँ।

चारुदत्त : (अलग से) कितने दुःख का विषय है !

धनहीन व्यक्ति का जीवन
जन्म से ही निरर्थक है !
प्रतिकार में असमर्थ होने से

उसका क्रोध और अनुग्रह
दोनों व्यर्थ चले जाते हैं !

एवं

धनहीन व्यक्ति
पंखहीन पक्षी है
सूखा पेड़
जलहीन सरोवर
और बिना दाँत के साँप है !

एवं

सूना घर है धनहीन व्यक्ति
जलहीन कूप और पत्रहीन वृक्ष !

विदूषक : मित्र, इस तरह दुखी होना ठीक नहीं (प्रकट, परिहास के स्वर में) तो देवी, मेरी स्नान की धोती लौटा दें।

वसंतसेना : आर्य चारुदत्त, रत्नावली भेजकर मुझे छोटा करना उचित नहीं था।

चारुदत्त : (सलज्ज भाव से मुसकराकर) देखो वसंतसेने,

सत्य पर कौन विश्वास करता ?
सब लोग मुझे ही छोटा बताते !
निर्धनता में व्यक्ति का तेज इस तरह मंद पड़ जाता है
कि सब लोग उस पर संदेह करने लगते हैं !

विदूषक : मित्र, हम लोग सुख से न बैठ सकें, इसलिए बरसती हुई घटाएँ फिर उमड़ आई हैं।

चारुदत्त : ठीक कहते हो मित्र !

पंक का वक्ष चीरकर
जिस तरह मृणाल की सुइयाँ फूटती हैं
उसी तरह
मेघों का वक्ष चीरकर
जलधाराएँ फूट रही हैं;
चाँद की विपत्ति में
मानो आकाश रो रहा है।

एवं

मेघ–हलधर के वस्त्र की तरह नील वर्ण !

वर्षा की धाराएँ—
अर्जुन के शरों की तरह चंड
और सज्जनों के हृदय की तरह निर्मल !
लगता है
इंद्र का मुक्तागार
आज चारों ओर लुटाया जा रहा है।

वसंतसेना शृंगार-भाव का नाट्य करती है।

चारुदत्त : (स्पर्श-पुलक का नाट्य करता हुआ)
और गंभीर गर्जन करो मेघ !
तुम्हारी ही कृपा है कि
मेरे अंग-प्रत्यंग
इस स्पर्श से पुलकित और रागमय होकर
कदंब के फूलों की तरह
खिल रहे हैं !

विदूषक : अरे दासी के पुत्र दुर्दिन ! कितना बुरा है जो इस बेचारी को इस तरह बिजलियों से डरा रहा है !

चारुदत्त : तुम्हारा उलाहना उचित नहीं है मित्र ! कहो कि
सौ बरस तक उठी रहें ये घटाएँ
और विद्युत् अनवरत इसी तरह कौंधती रहे !
ऐसे ही समय यह संभव था कि मैं
आर्या वसंतसेना का
नाट्य लास्य देख सकता !
वसंतसेने !
फटा हुआ वितान
वायु के आघात सह
वेदिका के खंभों पर
झूल-झूल जाता है;
और यह चित्रभित्ति—
सुधालेप के फट जाने से
वर्षा से गल-गलकर
ढही जा रही है।
(ऊपर की ओर देखकर) और देखो आर्ये ! वह इंद्रधनुष !

विद्युत् की जिह्वा दिखाता हुआ,
इंद्रधनुष की विशाल बाँहें फैलाए
मेघों के दीर्घ श्मश्रुवाला आकाश
मुँह खोलकर जम्हाई ले रहा है।
तो आओ अंदर चलें।

उठकर घूमता है।

ताल वन में तार,
वृक्षों पर मंद्र
शिलाओं पर रुक्ष
और पानी पर चंड–
ताल के अनुसार
कई-कई स्वर उत्पन्न करती हुई वर्षा की धाराएँ
वीणा के संगीत का
अनुकरण कर रही हैं !

सबका प्रस्थान।

दुर्दिन नामक पाँचवाँ अंक।

अंक : छह

चेटी का प्रवेश।

चेटी : आर्या अभी तक नहीं जागीं। तो चलकर जगा दूँ।

घूमती है। शरीर ढककर सोई हुई वसंतसेना का प्रवेश

चेटी : (देखकर) अब उठ जाइए आर्ये ! प्रभात हो गया है।

वसंतसेना : (जागकर) क्या रात में ही प्रभात हो गया।

चेटी : आपके लिए रात होगी, हम लोगों के लिए तो यह प्रभात ही है।

वसंतसेना : तुम लोगों के वे जुआरी कहाँ हैं ?

चेटी : वर्द्धमानक को आदेश देकर आर्य चारुदत्त जीर्ण पुष्पकरंडक उद्यान की ओर चले गए हैं।

बसंतसेना : क्या आदेश देकर ?

चेटी : कि रात में वह गाड़ी तैयार रखे जिससे आप उसमें यात्रा कर सकें।

वसंतसेना : कहाँ की यात्रा करनी होगी मुझे ?

चेटी : जहाँ आर्य चारुदत्त गए हैं।

वसंतसेना : मैं प्रस्थान करने के लिए उद्यत हूँ।...पर यह बता कि क्या मुझे अंदर के चौबारे में स्थान दिया गया है ?

चेटी : अंदर के चौबारे में ही नहीं, आप तो यहाँ सब लोगों के हृदय में स्थान पा गई हैं।

वसंतसेना : मेरे अचानक उनका अतिथि बनने से किसी को दुःख तो नहीं हुआ ?

चेटी : दुःख तो उन लोगों को अब होगा।

वसंतसेना : कब ?

चेटी : जब आप यहाँ से जाएँगी।

वसंतसेना : उसमें तो मुझे भी दुःख होगा। (अनुनयपूर्वक) देख, यह रत्नावली तू मेरी दीदी, आर्या धूता के पास ले जा। उन्हें देकर कहना कि मैं आर्य चारुदत्त के गुणों की दासी हूँ, उस नाते उनकी भी दासी

हूँ। यह रत्नावली वह अपने कंठ में धारण करें।

चेटी : आर्य चारुदत्त इसके लिए उन पर क्रोध करें तो ?

वसंतसेना : तू जा। वह क्रोध क्यों करेंगे ?

चेटी : (रत्नावली लेकर) जैसी आज्ञा।

जाकर लौट आती है।

आर्या धूता कहती हैं कि आर्य ने आपको यह उपहार दिया है; उनका इसे लेना ठीक नहीं। उनके लिए सर्वश्रेष्ठ आभूषण स्वयं आर्य चारुदत्त ही हैं।

बच्चों को साथ लिये रदनिका का प्रवेश।

रदनिका : आओ वत्स, इस गाड़ी से खेलें।

बच्चा : (रूठे हुए स्वर में) नहीं, मैं मिट्टी की गाड़ी से नहीं खेलूँगा। मुझे वही सोने की गाड़ी लाकर दो।

रदनिका : (दुःख के साथ निःश्वास छोड़कर) बेटे, हमारे यहाँ अब सोना कहाँ है ? तेरे पिता के पास जब फिर धन आएगा, तब तू सोने की गाड़ी से खेलना।...इसका मन बहलाते हुए आर्या वसंतसेना के पास हो आऊँ। (वसंतसेना के पास जाकर) आर्ये, प्रणाम करती हूँ।

वसंतसेना : स्वागत हो, रदनिका ! यह बच्चा किसका है ? शरीर पर आभूषण नहीं है, फिर भी इसका चाँद-सा मुख हृदय को आनंदित कर रहा है !

रदनिका : यह आर्य चारुदत्त का पुत्र रोहसेन है।

वसंतसेना : (बाँहें फैलाकर) इधर आओ बेटे ! गले मिलो ! (उसे गोद में बिठाकर) रूप तो बिलकुल पिता का ही पाया है।

रदनिका : रूप ही नहीं, स्वभाव भी उनका है। आर्य चारुदत्त इसी के साथ अपना मन बहलाते हैं।

वसंतसेना : यह रो क्यों रहा है ?

रदनिका : अभी-अभी पड़ोस के घर के बच्चे की सोने की गाड़ी से खेल रहा था। वह अपनी गाड़ी ले गया है। यह उसे ढूँढ़ रहा था, इसलिए मैंने इसे यह मिट्टी की गाड़ी बना दी है। परंतु कह रहा है कि मैं मिट्टी की गाड़ी से नहीं खेलूँगा, मुझे दही सोने की गाड़ी लाकर दो।

वसंतसेना : हाय, परायी संपत्ति के संताप का अनुभव इसे भी होता है। दैव !

कमलपत्र पर पड़े जलबिंदु के समान मनुष्यों के भाग्य से तुम इस प्रकार क्यों खेला करते हो ?...रो मत, बेटे ! तुझे सोने की गाड़ी भी खेलने को मिलेगी।

बच्चा : ये कौन हैं, रदनिका ?

वसंतसेना : तेरे पिता के गुणों की एक दासी।

रदनिका : बेटे, यह भी तेरी माँ के समान पूज्या हैं।

बच्चा : तू झूठ कहती है। ये मेरी माँ के समान पूज्या हैं, तो इनके शरीर पर इतने आभूषण कैसे हैं ?

वसंतसेना : बेटे, अपने भोले मुँह से तू कितनी करुण बात कह रहा है ! (आभूषण उतारने का नाट्य करके अश्रुपूर्ण स्वर में) ले, अब तो तेरी माँ के समान पूज्या हो गई न ! यह आभूषण ले ले और इससे तू सोने की गाड़ी बना ले।

बच्चा : हटो मैं नहीं लेता। तुम तो रो रही हो।

वसंतसेना : (आँसू पोंछकर) नहीं, रोती नहीं, बेटे ! जा खेल तू ! (गाड़ी को आभूषणों से भरकर) जा, जाकर इनसे सोने की गाड़ी बनवा ले।

रदनिका बच्चे को लिये हुए चली जाती है।

गाड़ी पर बैठे हुए चेट वर्द्धमानक का प्रवेश।

वर्द्धमानक : सुनो रदनिका ! आर्या वसंतसेना से जाकर कह दो कि ढकी हुई गाड़ी पक्षद्वार के पास तैयार खड़ी है।

रदनिका : (अंदर आकर) आर्ये, वर्द्धमानक कह रहा है कि पक्षद्वार के पास गाड़ी तैयार खड़ी है।

वसंतसेना : पल-भर ठहर, मैं अपना प्रसाधन कर लूँ।

रदनिका : (बाहर आकर) वर्द्धमानक, पल-भर ठहर। आर्या अपना प्रसाधन कर रही हैं।

चेट : अरे वाह ! मैं गाड़ी का आस्तरण तो भूल ही आया ! तब तक जाकर ले आऊँ...ये बैल नाक की रस्सियाँ तुड़ाने को हो रहे हैं। तो गाड़ी से ही जाकर लौट आता हूँ।

चला जाता है।

वसंतसेना : दासी, मेरा प्रसाधन ले आ, मैं अपने शरीर को सजा लूँ।

शरीर-प्रसाधन में लग जाती है।

स्थावरक : राजा के साले संस्थानक ने मुझसे कहा है कि स्थावरक, गाड़ी लेकर शीघ्र ही जीर्ण पुष्पकरंडक उद्यान के पास पहुँच जाओ।

तो उसी ओर चलूँ।...खींचो बलीवर्दी खींचो ! (घूमकर और देखकर) गाँव की गाड़ियों ने मार्ग रोक रखा है। अब क्या करूँ ? (ऐंठ के साथ) अरे भाई, हटो, रास्ता दो ! (सुनकर) क्या कहा ? किसकी गाड़ी है यह ? यह गाड़ी राजा के साले संस्थानक की है। सो जल्दी से हट जाओ। (देखकर) अरे, यह एक व्यक्ति मुझे देखते ही अपने को छिपाकर ऐसे दूसरी ओर भाग गया जैसे द्यूतगृह से पलायन करके आया जुआरी द्यूताध्यक्ष को देखकर भागता है ! कौन था यह ?...परंतु मुझे क्या ? मैं शीघ्रता से चलूँ। अरे गँवार लोगो, आगे से हट जाओ। क्या कहा ? पल-भर रुक जाऊँ, तुम्हें गाड़ी निकाल लेने दूँ ! अरे, मैं राजा के साले संस्थानक का वीर रथवाह तुम्हें पहले गाड़ी निकालने दूँगा ? परंतु यह बेचारा तो अकेला ही है। तो ऐसा करता हूँ—अपनी गाड़ी को आर्य चारुदत्त की वृक्ष-वाटिका के पक्षद्वार के पास रोक लेता हूँ। यह यहाँ रोक ली गाड़ी !

चेटी : आर्ये, धुरी का शब्द सुनाई दे रहा है। लगता है गाड़ी आ गई है।

वसंतसेना : चल ! मेरा हृदय बहुत उत्सुक हो रहा है। बता पक्षद्वार किधर है ?

चेटी : इधर से आइए आर्ये !

वसंतसेना : (घूमकर) दासी, तू यहाँ रुक जा।

चेटी : जैसी आज्ञा।

चली जाती है।

वसंतसेना : (गाड़ी पर चढ़ते हुए दाईं आँख फड़क उठने से) दाईं आँख क्यों फड़क रही है ?...अच्छा, आर्य चारुदत्त के दर्शन से अनिष्ट अपने-आप दूर हो जाएगा।

स्थावरक : (आकर) जो गाड़ी मार्ग रोके थी, उसे तो हटा दिया। अब चलना चाहिए।

गाड़ी पर चढ़ने का नाट्य करता है।

(स्वगत) गाड़ी कुछ भारी लगती है या शायद उस गाड़ी को हटाने में थक गया हूँ, इसलिए यह गाड़ी भारी लग रही है। तो अब चला जाए।...चलो-चलो गोपुत्रो !

नेपथ्य में : सब द्वारपाल अपने-अपने स्थान पर सावधान हो जाएँ ! वह

ग्वाले का बेटा कारागार तोड़कर, रक्षक को मारकर तथा बंधन को काटकर निकल भागा है। पकड़ो, उसे पकड़ो !

स्थावरक : (स्वगत) नगर में बहुत आतंक फैला है। जल्दी-जल्दी निकल चलूँ।

चला जाता है।

आर्यक :

बंधन तोड़कर भागे गजराज की तरह
एक पैर में बँधी शृंखला को घसीटता हुआ
कारागार की विपत्ति से भागकर
मैं एक महान समुद्र लाँघ आया हूँ।

सिद्धों की भविष्यवाणी से भयभीत राजा पालक ने अहीरों की बस्ती से लाकर मुझे बधिकों के घोर कारागार में डाल दिया था। प्रिय मित्र शर्विलक की कृपा से मैं उस बंधन से मुक्त हुआ हूँ।

अश्रुपूर्ण स्वर में :

यदि भाग्य ही यह है
कि मुझे राज्यपद प्राप्त होगा
तो उसमें मेरा दोष क्या है ?
उसके लिए
क्यों मुझे
वन्य गज की तरह
बंधन में रहना पड़ रहा है ?
माना कि
दैवी अनुशासन का
उल्लंघन असंभव है;
परंतु राजा बलवान है;
उससे विरोध रखकर
कैसे जिया जा सकता है ?

तो मैं अभागा अब कहाँ जाऊँ ? (सामने देखकर) यह किसी सज्जन के घर का पक्षद्वार खुला हुआ है।

टूटा-फूटा घर है;
बड़े-बड़े किवाड़
जोड़ों से टूट रहे हैं;
और अर्गला भी नहीं लगी।

मेरे-जैसा ही कोई मंदभाग्य
इस घर का स्वामी है
जिसे विपत्ति ने इस दशा में ला दिया है।
तो यहीं छिपकर खड़ा हो रहूँ।

नेपथ्य में : चलो, गोपुत्रो चलो !

आर्यक : (सुनकर) लगता है कोई गाड़ी आ रही है।
संभव है कि यह
किन्हीं उच्छृंखल व्यक्तियों का
लाया हुआ यान हो,
अथवा किसी वधू की
विदाई के समय
या किसी कुलीन की
सुदूर यात्रा के लिए
लाया गया रथ हो !
परंतु संयोग से
इस समय यह खाली है।
लगता है कि भाग्य ने
मेरे ही लिए
इसे इस समय
यहाँ ला दिया है।

गाड़ी लिये हुए वर्द्धमानक का प्रवेश।

वर्द्धमानक : अरे वाह ! मैं गाड़ी का आस्तरण भी ले आया ! रदनिके, आर्या वसंतसेना से कहो कि गाड़ी तैयार है, चढ़कर जीर्ण पुष्पकरंडक उद्यान की ओर चलें।

आर्यक : (सुनकर) वसंतसेना की गाड़ी है और बाहर जा रही है। तो इसी में बैठ जाऊँ !

धीरे से गाड़ी की ओर बढ़ता है।

वर्द्धमानक : (शब्द सुनकर) नूपुरों का शब्द ! इसका अर्थ है आर्या आ गई हैं। आर्ये, ये बैल नासिका की रस्सी से उतावले हो रहे हैं। आप पीछे से बैठ जाएँ।

आर्यक पीछे से बैठ जाता है।

पैर उठाने से जो नूपुर का शब्द हो रहा था वह रुक गया है,

गाड़ी में भार बढ़ गया है, इसीलिए लगता है कि आर्या बैठ गई हैं। तो अब चला जाए।...चलो गोपुत्रो, चलो !

वीरक का प्रवेश।

वीरक : अरे जय, जयमान, चंदनक, मंगल, पुष्पभद्र प्रभृति प्रधान पुरुषों, सुनो !

तुम लोग यहाँ निश्चिंत पड़े हो ?
वह ग्वाले का बेटा
जो कारागार में बंद था,
अपने बंधन के साथ-साथ
राजा के हृदय को तोड़कर
वहाँ से निकल भागा है !

तुम गली के पूर्वी द्वार पर ठहरो और तुम पश्चिमी द्वार पर। तुम दक्षिणी द्वार को सँभालो और तुम उत्तरी द्वार को। मैं चंदनक के साथ उस प्राकारखंड पर चढ़कर देखता हूँ। आओ चंदनक, तुम मेरे साथ आओ।

चंदनक घबराया हुआ आता है।

चंदनक : वीरक, विशल्य, भीम, अंगद, दंडकालक तथा दंडशूर प्रभृति वीर प्रमुखो, सुनो !

शीघ्रता करो—
विश्वास के साथ आओ प्रयत्न में जुट जाओ !
यह न हो
कि राजा की लक्ष्मी किसी और गोत्र में चली जाए !

एवं

खोजो उसे
उद्यान, सभा, मार्ग, नगर, हाट और घर—
सभी स्थानों पर
और अन्यत्र भी जहाँ-कहीं संभव हो।
बताओ वीरक !
कोई निश्चित बात या निश्चित चिह्न !
या केवल इतना ही
कि कौन था वह
जो ग्वाले के बेटे को छुड़ाकर ले गया है।

चंदनक के जीते-जी
कौन है जो ग्वाले के बेटे को छुड़ाकर ले जाए ?
कौन है वह
जिसकी आठवीं राशि में सूर्य, चौथी में चाँद
छठी में शुक्र तथा तथा पाँचवीं में मंगल है ?
कौन है
जिसके लग्न से छठे घर में बृहस्पति
तथा नवें घर में शनिश्चर है ?

वीरक : वीर चंदनक !
आधा सूर्य निकला था जब
किसी ने उसे कारागर से मुक्त किया है
तुम्हारे हृदय की सौगंध
वह उसे लेकर अभी दूर नहीं गया।

वर्द्धमानक : चलते चलो गोपुत्रो, चलते चलो।

चंदनक : (देखकर) अरे देखो-देखो !
वह ढकी हुई गाड़ी
राजमार्ग से जा रही है।
सोचकर बताओ
कि वह किसकी गाड़ी है ?
और उसका गंतव्य क्या है ?

वीरक : (देखकर) गाड़ीवान, गाड़ी को रोक लो ! किसकी गाड़ी है यह, और इसमें कौन कहाँ जा रहा है ?

वर्द्धमानक : यह आर्य चारुदत्त की गाड़ी है। आर्या वसंतसेना इसमें बैठी हैं और जीर्ण पुष्पकरंडक उद्यान की ओर जा रही हैं।

चंदनक : जाने दो।

वीरक : बिना देखे ही ?

चंदनक : और क्या ?

वीरक : परंतु किस विश्वास के बल पर ?

चंदनक : आर्य चारुदत्त के विश्वास...।

वीरक : आर्य चारुदत्त कौन हैं ? और वसंतसेना कौन हैं जो बिना देखे ही इन्हें जाने दिया जाए ?

चंदनक : अरे तुम आर्य चारुदत्त को नहीं जानते ! वसंतसेना को भी नहीं !

यदि तुम आर्य चारुदत्त और वसंतसेना को नहीं जानते, तो तुम आकाश में चाँद और चाँदनी क्या है, यह भी नहीं जानते !

कौन नहीं जानता उसे !
गुणों में कमल है और शील में वह चंद्रमा है,
विपद्‌ग्रस्त व्यक्तियों के दुःख दूर करनेवाला
चारों समुद्रों का वह सारभूत रत्न है।

एवं

दो ही तो हैं इस नगरी में
जो पूजनीय और श्रेष्ठ हैं।
एक आर्या वसंतसेना–
और दूसरे धर्मधन चारुदत्त।

वीरक : सुनो चंदनक !

जानता हूँ चारुदत्त को;
वसंतसेना को भी भली-भाँति जानता हूँ।
परंतु राज्य-कार्य करने में
मैं अपने पिता को भी नहीं जानता।

आर्यक : (स्वगत) यह मेरा पहले का वैरी है और वह मेरा पहले का मित्र ! क्योंकि

आग वही है,
परंतु चिता और विवाह-मंडप में कार्य अलग-अलग करती है,
इन दोनों का नियोग एक ही है
परंतु स्वभाव में कितना-कितना अंतर है !

चंदनक : तुम राजा के विश्वासपात्र प्रधान सेनापति हो। मैं बैलों को पकड़ रहा हूँ, तुम देख लो।

वीरक : तुम भी राजा के विश्वासपात्र सेनापति हो। तुम्हीं न देख लो।

चंदनक : मेरा देखना और तुम्हारा देखना एक ही है ?

वीरक : तुम्हारा देखना और राजा पालक का देखना एक है।

चंदनक : गाड़ीवान, भार ऊपर को करो।

वर्द्धमानक आदेश का पालन करता है।

आर्यक : (स्वगत) तो प्रहरी मुझे देखने जा रहे हैं। मुझ अभागे के पास अस्त्र भी नहीं है। अथवा

भीम का अनुकरण करूँगा
और भुजाओं के शस्त्र से लड़ जाऊँगा।
बंदी होकर जीवित रहने से
लड़ते हुए मर जाना कहीं अच्छा है।
परंतु यह साहस दिखाने का समय नहीं है।

चंदनक गाड़ी पर चढ़ने का अभिनय करके अंदर देखता है।

(चंदनक से) मैं शरणागत हूँ।

चंदनक[1] : शरणागत को अभय हो !

आर्यक : शरणागत को जो शरण न दे
उसकी जय लक्ष्मी कभी नहीं रहती।
उसके मित्र और बांधव उसे छोड़ जाते हैं
और वह सदा के लिए उपहास-पात्र बना रहता है।

चंदनक : श्येन से डरे हुए पक्षी की तरह गोपालपुत्र आर्यक व्याध के हाथों में पड़ गए हैं। (सोचकर) ये हैं तो निरपराध और इस समय शरणागत भी हैं। आर्य शर्विलक ने मेरी प्राणरक्षा की थी और उनके ये मित्र हैं। आर्य चारुदत्त की गाड़ी में बैठकर जा रहे हैं। दूसरी ओर राजा का आदेश है। क्या करना चाहिए ? परंतु जो हो सो हो, मैं पहले इन्हें अभयदान दे चुका हूँ।
कोई परोपकारी
किसी डरे हुए व्यक्ति को
अभयदान देकर
यदि नष्ट हो जाता है
तो सारे संसार में उसकी प्रशंसा की जाती है।
(भयभीत-सा गाड़ी से उतरकर) मैंने आर्य को...नहीं आर्या वसंतसेना को देख लिया है। वे कहती हैं कि यह बात उचित और शोभनीय नहीं कि उन्हें मार्ग में रोका जा रहा है।

वीरक : चंदनक, मुझे इसमें संदेह है।

चंदनक : कैसा संदेह ?

वीरक : अभी तुमने कहा
कि तुमने आर्य को देखा है।

---

1. मूल में (संस्कृत का आश्रय लेकर) अनु.।

फिर कहा कि नहीं
वसंतसेना को देखा है।
यह कैसी घबराहट है, मित्र
तुम्हारा कंठ रुक क्यों रहा है ?
मुझे विश्वास नहीं होता।

चंदनक : अरे, अविश्वास की क्या बात है ? हम दक्षिण के लोग ठीक बोल ही नहीं सकते। हम खस, खत्ति, खड़ा, खड़ट्टो, विलय, कर्णाट, कर्ण, प्रावरण, द्रविड़, चोल, चीन, वर्वर, खेर, खान मुख तथा मधुघात प्रभृति म्लेच्छ जातियों के लोग सब भाषाएँ तो जानते नहीं। इसलिए 'आर्या' को 'आर्य' और 'देख लिया' को 'देख ली'—जैसा मुँह में आता है कह जाते हैं।

वीरक : तो मैं भी देख लूँ। राजा की आज्ञा ऐसी है और मैं राजा का विश्वासपात्र कर्मचारी हूँ।

चंदनक : तो अब मैं विश्वासपात्र नहीं रहा ?

वीरक : मुझे स्वामी के आदेश का पालन करना है।

चंदनक : (स्वगत) यदि कह दूँ कि गोपालपुत्र आर्यक आर्य चारुदत्त की गाड़ी में बैठकर जा रहे हैं, तो आर्य चारुदत्त भी राजा की लपेट में आ जाएँगे। अब क्या करूँ ? (सोचकर) कर्णाट कलह का प्रयोग किया जाए। (प्रकट) देखो वीरक, चंदनक की देखी हुई गाड़ी को तुम फिर से देखोगे ? तुम अपने को समझते क्या हो ?

वीरक : तुम अपने को क्या समझते हो ?

चंदनक : आज आदर और सम्मान मिलने लगा है, इसलिए अपनी जात भूल गए हो ?

वीरक : (क्रोधपूर्वक) क्यों, मेरी जात क्या है ?

चंदनक : उसका नाम कौन ले ?

वीरक : नहीं, मैं नहीं लेता।
जानता हूँ तुम्हारी जाति
फिर भी शील के कारण कुछ नहीं कहता।
कैथ को फोड़ने से क्या निकलता है ?
मैं उस रहस्य को मन में ही रखूँ तो अच्छा है।

वीरक : बताओ, बताओ तुम !

चंदनक संकेत से बताता है।

वीरक : यह क्या है ?

चंदनक : हाथ में घिसी हुई सिल लिये
लोगों की दाढ़ी के बाल इकट्ठे करनेवाले !
कैंची चलाते-चलाते
आज तुम सेनापति हो गए ?

वीरक : तुम्हें सम्मान मिला है, इसलिए तुम्हें भी तो अपनी जात याद नहीं रही।

चंदनक : अरे चाँद की तरह निर्मल चंदनक की क्या जात बताओगे !

वीरक : कौन उसका नाम ले !

चंदनक : तुम लो तो उसका नाम !

वीरक संकेत से बताता है।

क्या है यह ?

वीरक : सुनो !

तुम्हारी जाति तो बहुत ऊँची है !
भेरी तुम्हारी माँ है; नगाड़ा तुम्हारा पिता
और करकट तुम्हारा भाई !
आज दुर्मुख, तुम भी सेनापति हो गए ?

चंदनक : (क्रोधपूर्वक) मुझ चंदनक को तुम चमार बताते हो ?...अच्छा देख लो तुम गाड़ी।

वीरक : गाड़ीवान, गाड़ी घुमाओ, मैं देखता हूँ।

वर्द्धमानक आदेश का पालन करता है।
वीरक गाड़ी पर चढ़ने लगता है।
चंदनक उसे बालों से पकड़कर खींच लेता है और पैर से मारने लगता है।

अरे मैं... राजा का विश्वासपात्र...राजा की आज्ञा का पालन कर रहा हूँ और तुम मुझे बालों से खींचकर पैर मारने लगे हो ! तो सुन लो। न्यायालय में तुम्हें चतुरंग दंड[1] न दिलाऊँ, तो मेरा नाम वीरक नहीं !

चंदनक : अरे तुम न्यायालय छोड़कर राजा के पास चले जाओ। तुम्हारे जैसे कुत्ते को मैं क्या समझता हूँ ?

---

1. शिरोमुंडन, कशाघात, धनहरण तथा बहिष्करण। (अनु.)

वीरक : तो देख लेना !

चला जाता है।

चंदनक : (चारों ओर देखकर) गाड़ीवान, गाड़ी ले जाओ। कोई पूछे तो कह देना कि चंदनक और वीरक दोनों ने देख ली है। आर्ये वसंतसेने, यह स्मृति-चिह्न मैं आपको दे रहा हूँ।

अपनी तलवार देता है।

आर्यक : (तलवार लेकर)

शस्त्र हाथ में आते ही
दाईं भुजा फड़कने लगी।
अब सबकुछ मेरे अनुकूल है
और मैं सर्वथा सुरक्षित हूँ।

चंदनक : आर्ये !

निवेदन है
कि मुझ पर विश्वास रखें
और कभी-कभी चंदनक का स्मरण कर लिया करें।
किसी लोभ से मैं यह नहीं कहता,
केवल स्नेहवश ही निवेदन कर रहा हूँ।

आर्यक : चंद्र के समान सुखदायी चंदनक !

यह सौभाग्य है कि आज से तुम मेरे मित्र हो।
यदि सिद्धों की वाणी सार्थक सिद्ध हुई
तो मैं चंदनक को कदापि नहीं भूलूँगा।

चंदनक : ब्रह्मा, विष्णु, महेश और सूर्य

सब तुम्हें अभयदान दें !
देवी ने जैसे शुंभ-निशुंभ का नाश किया था
वैसे ही तुम शत्रुपक्ष का नाश कर सको।

वर्द्धमानक गाड़ी लिये हुए चला जाता है।

चंदनक : (नेपथ्य की ओर देखकर) अरे ! ये निकलकर गए तो मेरा मित्र शर्विलक भी इनके पीछे-पीछे चल दिया ! राजा के विश्वासपात्र प्रधान सेनापति वीरक को मैंने रुष्ट कर दिया है। तो पुत्र और भाई इत्यादि का साथ लेकर मैं भी इन्हीं लोगों के पीछे चलता हूँ।

चला जाता है।

प्रवहण-विपर्यय नामक छठा अंक।

अंक : सात

चारुदत्त और विदूषक का प्रवेश।

विदूषक : देखो मित्र, यह जीर्ण पुष्पकरंडक उद्यान कितना सुंदर लग रहा है !

चारुदत्त : सच कहते हो मित्र ! देखो न

वणिक हैं ये वृक्ष
जिन्होंने फूलों के हाट सजा रखे हैं।
और राजकर उगाहनेवाले भ्रमर
इनके चारों ओर मँडरा रहे हैं।

विदूषक : देखो, बिना बुहारे ही यह शिलातल कितना स्वच्छ है ! आओ यहाँ बैठ जाओ।

चारुदत्त : (बैठकर) मित्र, वर्द्धमानक ने आने में बहुत समय लगा दिया है।

विदूषक : मैंने कहा था उससे कि वर्द्धमानक, वसंतसेना को लेकर शीघ्र ही आ जाना।

चारुदत्त : तो वह इतना समय क्यों लगा रहा है ?

आगे-आगे कोई गाड़ी धीमी चाल से चल रही है
और उसे मार्ग नहीं मिल रहा ?
या कि कोई चाक टूट गया है
और वह उसे बदलने के लिए रुक गया है ?
या कहीं बैलों की रस्सी ही तो नहीं टूट गई ?

संभव है रास्ते में लकड़ियाँ पड़ी हों और उसे दूसरी ओर से आना पड़ रहा हो।

या फिर कहीं ऐसा न हो कि बैलों को उनकी इच्छा पर छोड़कर वह यूँ ही निश्चिंत भाव से धीरे-धीरे चला आ रहा हो ?

आर्यक वाली गाड़ी को लिये हुए वर्द्धमानक का प्रवेश।

वर्द्धमानक : चलो, गोपुत्रो चलो !

आर्यक : (स्वगत)

राजपुरुषों के दर्शन-मात्र से भयभीत

और पैर बँधे होने से ठीक से चलने में असमर्थ
अज्ञात रूप से उस सज्जन के वाहन में, मैं जा रहा हूँ।
मेरी स्थिति वही है
जो कौवे के घोंसले में कोयल के बच्चे की होती है।

नगर से बहुत दूर निकल आया हूँ। तो क्या गाड़ी से उतरकर वाटिका के घने वृक्षों में छिप रहूँ ? या कि गाड़ी के स्वामी से मिल लूँ ? नहीं, घने वृक्षों में छिपना ठीक नहीं। सुना है आर्य चारुदत्त शरणागत-वत्सल हैं। उनसे मिलकर जाना ही उचित होगा।

शरणागत वत्सल वे
मुझे विपत्ति के समुद्र को लाँघकर आए देख
अवश्य सुख प्राप्त करेंगे।
मेरा यह शरीर
इस अवस्था को प्राप्त होकर भी
उन्हीं महात्मा के
गुणों से सुरक्षित है।

वर्द्धमानक : यह रहा उद्यान। तो अंदर चलूँ। (पास आकर)...आर्य मैत्रेय !

विदूषक : लो मित्र, प्रिय समाचार है। वर्द्धमानक बुला रहा है। आर्या वसंतसेना आ पहुँची हैं।

चारुदत्त : यह तो सचमुच ही प्रिय समाचार है।

विदूषक : (वर्द्धमानक से) क्यों दासी के पुत्र, इतनी देर कहाँ कर दी ?

वर्द्धमानक : क्रोध न करो आर्य मैत्रेय ! गाड़ी का आस्तरण भूल आया था, इसलिए जाने-आने में इतनी देर हो गई।

चारुदत्त : वर्द्धमानक, गाड़ी को घुमा लो। मैत्रेय, तुम वसंतसेना को उतार लो।

विदूषक : क्या इसके पैरों में बेड़ी पड़ी है जो इससे स्वयं नहीं उतरा जाता ?

उठकर गाड़ी का परदा उठाकर देखता है।

विदूषक : मित्र, अंदर वसंतसेना तो नहीं है, कोई वसंतसेन बैठा है।

चारुदत्त : परिहास छोड़ो मित्र ! हटो, मैं स्वयं उतार लेता हूँ।

आर्यक : (देखकर) तो यही हैं गाड़ी के स्वामी ! इनकी कीर्ति ही सुंदर नहीं, शरीर भी सुंदर है।...मुझे अब कोई भय नहीं।

चारुदत्त : (गाड़ी पर चढ़कर) अरे ! ये कौन हैं ?
हाथी की सूँड जैसी बाँहें
और सिंह-जैसे पीन और उन्नत स्कंध !
सम और विशाल वक्ष
तथा बड़ी-बड़ी चंचल ताँबई आँखें !
परंतु अपने इस महान व्यक्तित्व के प्रतिकूल
इनके एक पैर में शृंखला क्यों बँधी है ?
कौन हैं आप ?

आर्यक : मैं ग्वालों के परिवार का आर्यक आपकी शरण में हूँ।

चारुदत्त : वही जिन्हें बस्ती से लाकर राजा पालक ने कारागार में बंद कर दिया था ?

आर्यक : हाँ, वही।

चारुदत्त : हम लोगों का परिचय
विधि का विधान है।
मुझे चाहे प्राण देने हों,
मैं शरणागत की रक्षा करूँगा।

आर्यक प्रसन्न हो उठता है।

वर्द्धमानक, इनके पैरों से शृंखला निकाल दो।

वर्द्धमानक : जो आज्ञा। (आदेश का पालने करके) आर्य, शृंखला निकाल दी है।

आर्यक : परंतु उससे भी दृढ़ स्नेह की शृंखला बाँध दी है।

विदूषक : शृंखला साथ ले लो। ये तो मुक्त हो गए, अब अपनी बारी है।

चारुदत्त : छिः ! चुप करो।

आर्यक : मित्र चारुदत्त, मैं स्वेच्छा से इस गाड़ी पर चढ़कर आ गया हूँ। इसके लिए क्षमा चाहता हूँ।

चारुदत्त : आपके स्वेच्छा-स्नेह से मैं अपने को धन्य समझता हूँ।

आर्यक : अब आपसे अनुमति लेकर मैं जाना चाहूँगा।

चारुदत्त : हाँ-हाँ, जाइए आप।

आर्यक : तो मैं गाड़ी से उतर जाऊँ ?

चारुदत्त : नहीं-नहीं, उतरिए नहीं। आपकी शृंखला अभी-अभी निकाली गई है, इसलिए आप शीघ्र गति से नहीं चल सकेंगे। यहाँ आसपास राजपुरुष बहुत घूमते हैं। गाड़ी में जाने से कोई शंका

नहीं करेगा, इसलिए आप गाड़ी में ही चले जाएँ।

आर्यक : आप जैसे उचित समझें।

चारुदत्त : अब आप कुशलतापूर्वक अपने बांधवों के पास जाएँ।

आर्यक : मेरे वास्तविक बांधव तो आज आप ही हैं।

चारुदत्त : कभी बातों-ही-बातों में मेरा स्मरण कर लीजिएगा।

आर्यक : क्या कभी अपनी आत्मा को भी व्यक्ति भूल सकता है ?

चारुदत्त : जाते हुए मार्ग में देवता आपकी रक्षा करें।

आर्यक : रक्षा तो मेरी आपके हाथों ही हुई है।

चारुदत्त : वास्तविक रक्षक तो आपका भाग्य है।

आर्यक : परंतु उसमें भी कारण तो आप ही बने हैं।

चारुदत्त : पालक के उत्तेजित हो उठने से आप अब भी बहुत सुरक्षित नहीं हैं। इसलिए शीघ्र ही यहाँ से निकल जाइए।

आर्यक : अच्छा फिर भेंट होगी।

चला जाता है।

चारुदत्त : राजा को प्रवंचित कर,

जब क्षण-भर भी यहाँ ठहरना असंगत है।
जाओ मैत्रेय, यह श्रृंखला पुराने कूप में डाल दो
गुप्तचरों की दृष्टि से राजा सबकुछ देखता है।

(बाईं आँख का फड़कना सूचित करके) मित्र मैत्रेय, वसंतसेना कहाँ गई ? उसका समाचार लो।

बाईं आँख फड़क रही है।
जाने कैसा अज्ञात भय है
जो हृदय को साल रहा है !

आओ, यहाँ से चलें। (घूमकर) अरे ! चलते ही सामने बौद्ध भिक्षु का दर्शन हो गया ! अवश्य कुछ-न-कुछ अनिष्ट होगा। (सोचकर) यह इस मार्ग से जा रहा है। हम भी इसी मार्ग से चलते हैं।

चला जाता है।

आर्यकापहरण नामक सातवाँ अंक।

अंक : आठ

हाथ में गीला चावर लिये भिक्षु का प्रवेश

भिक्षु : अबोध मनुष्यो, धर्म का संचय करो !
उदर को संयमित रखो
और ध्यानपटह सुनते हुए सदा सजग रहो !
इंद्रिय रूपी चोरों से सावधान रहो
जो कि चिर-संचित धर्म का अपहरण कर लेते हैं।
सबकुछ अनित्य है, यह जानकर मैं एकमात्र धर्म की शरण में आ गया हूँ।
पशुजनों की जिसने हत्या की है
और स्त्री को मारकर ग्राम की रक्षा की है
निर्बल चांडाल का जिसने ध्वंस कर दिया है
वह व्यक्ति अवश्य स्वर्ग में जाएगा।
सिर और मुँह का मुँडाना निरर्थक है
मन नहीं मुँडाया तो वह सबकुछ भी नहीं।
सिर का मुँडाना तभी सार्थक है
जब पहले अपने मन को मुँडा लिया जाए।
चीवर गँदले पानी में भीग गया है। राजश्यालक के उद्यान में जाकर इसे बावली में धो लेता हूँ और झट से लौट आता हूँ।

घूमता है और तदनुसार कार्य करता है।

नेपथ्य में : ठहर तो जा तू दुष्ट भिक्षुक !

भिक्षु : (देखकर भयभीत स्वर में) अरे ! राजा का साला संस्थानक चला आ रहा है ! एक भिक्षु ने कुछ अपराध कर दिया, तो अब जिस किसी भिक्षु को देखता है, उसे गौ की तरह नाक में रस्सी डालकर खदेड़ने लगता है। मेरे लिए अब कहीं शरण नहीं, कहाँ जाऊँ ? या स्वामी बुद्ध स्वयं ही शरण देंगे।

विट के साथ शकार का प्रवेश।

विट के हाथ में तलवार है।

शकार : ठहर तो जा तू दुष्ट भिक्षुक ! मदिरागोष्ठी में जैशे लाल मूली तोड़ी जाती है, वैशे ही अभी तेरा शिर तोड़ देता हूँ।

भिक्षु को मारने लगता है।

विट : काणेलीपुत्र, गेरुआ पहने हुए वैरागी भिक्षु को मारना उचित नहीं।

इसे भूल जाओ और देखो कि उद्यान कितना सुखकर लग रहा है !

शरणहीनों को शरण और आनंद देनेवाले
इन वृक्षों के सुंदर कर्म की ओर ध्यान दो।
दुरात्माओं के हृदय की तरह स्वच्छंद
यह भूमि नवनिर्मित राज्य की तरह संपन्न है।

भिक्षु : क्रोध न करें उपासक ! मैं आपका स्वागत करता हूँ।

शकार : देखो आचार्य, यह मुझे गाली दे रहा है।

विट : क्या कहता है ?

शकार : मुझे उपाशक बताता है। मैं क्या नाई हूँ ?

विट : नहीं, वह तो बुद्ध का उपासक कहकर तुम्हारी प्रशंसा कर रहा है।

शकार : शुना भिक्षु ?

भिक्षु : आप धन्यात्मा हैं, पुण्यात्मा हैं।

शकार : आचार्य, अब यह मुझे धन्यात्मा-पुण्यात्मा कह रहा है। यह क्या मुझे भाट-भंडारी या कुम्हार शमझता है ?

विट : नहीं काणेलीपुत्र, वह तो धन्यात्मा और पुण्यात्मा कहकर तुम्हारी प्रशंसा कर रहा है।

शकार : परंतु आचार्य, यह यहाँ आया क्यों है ?

भिक्षु : मैं यह चीवर धोने के लिए यहाँ आया था।

शकार : अरे दुष्ट भिक्षुक ! मेरे बहनोई ने शब उद्यानों में श्रेष्ठ यह पुष्पकरंडक उद्यान मुझे उपहार में दिया है जहाँ कुत्ते और श्रृंगाल आकर पानी पीते हैं। मनुष्यों में शबशे श्रेष्ठ मनुष्य श्वयं मैं तो यहाँ आकर श्नान नहीं करता। तू इश बावली में पुराने कुलथीचूर्ण शे चितकबरा अपना दुर्गंधित चीवर

धो रहा है। मैं अभी तेरा शिर फोड़ता हूँ।

विट : काणेलीपुत्र, लगता है कि इसे संन्यास लिये अधिक समय नहीं हुआ।

शकार : यह आप कैशे कहते हैं आचार्य ?

विट : इसमें कहना क्या है ? देखो न

केश कटे होने पर भी
मस्तक की गौर कांति अभी शेष है।
समय अधिक नहीं हुआ
अतः कंधे पर चीवर का चिह्न नहीं बना है।
गेरुआ रँगने का अभ्यास इसे नहीं है
और शरीर के मध्य भाग को
इसने दूर तक ढक रखा है।
वस्त्र अधिक लंबा है,
अतः पल्ला कंधे पर नहीं ठहरता।

भिक्षु : तुम्हारा अनुमान ठीक है, उपासक ! मुझे संन्यास लिये अधिक समय नहीं हुआ।

शकार : क्यों ? जन्म लेते ही तूने शंन्याश क्यों नहीं ले लिया ?

उसे मारता है।

भिक्षु : नमो बुद्धाय !

विट : क्यों मार रहे हो बेचारे को ! छोड़ो, उसे जाने दो।

शकार : ठहरो, पहले मुझे परामर्श कर लेने दो।

विट : किसके साथ ?

शकार : अपने हृदय के शाथ।

विट : (भिक्षु को देखकर)[1] यह अभी गया ही नहीं !

शकार : बेटा हृदय ! श्वामी ! बेटे ! यह भिक्षु चला जाए या रुका रहे ?

(स्वगत) न जाए, न रुका रहे ! (प्रकट) आचार्य, मैंने अपने हृदय शे परामर्श कर लिया है। मेरा हृदय कहता है...

विट : क्या कहता है ?

शकार : कहता है कि यह न जाए, न रुका रहे। न शाँश अंदर

---

1. कोष्ठ अनुवादक की ओर से।

को ले, न बाहर निकाले। झट शे यहीं गिर जाए और मर जाए।

भिक्षु : नमो बुद्धाय ! मैं शरणागत हूँ।

विट : तुम चले जाओ न !

शकार : केवल एक प्रतिबंध है।

विट : क्या प्रतिबंध है ?

शकार : प्रतिबंध यह है कि यह पानी में ऐशे कीचड़ फेंके कि पानी उशशे गँदला न हो। या पानी का एक गट्ठर बाँधकर कीचड़ में डाल दे।

विट : कैसा मूर्ख है !

मन की अनिश्चित चेष्टाएँ
और शिलाखंड-जैसे शरीर !
मांस के वृक्ष हैं ये मूर्ख—
इनके भार से धरती आक्रांत है।

भिक्षु गाली देने की मुद्राएँ बनाता है।

शकार : अब क्या कह रहा है यह ?

विट : तुम्हारी प्रशंसा कर रहा है।

शकार : तब शुनो, ठीक शे शुनो। एक बार फिर शुनो।

भिक्षु उसी तरह की मुद्राएँ बनाता हुआ चला जाता है।

विट : काणेलीपुत्र, अब इस उद्यान की शोभा देखो।

फल-फूलों से लदे हुए वृक्षों से
भरी हुई लताएँ निश्चल भाव से लिपटी हैं।
राजाज्ञा से रक्षक इनका पालन करते हैं।

शकार : आचार्य ठीक कह रहे हैं।

कई-कई फूलों शे भूमि चित्रित है
और वृक्ष फूलों के भार शे झुक गए हैं।
उनके शिखरों शे लताएँ नीचे को झूल रही हैं
और वानर ऐशे लटके हैं जैसे कटहल के फल लटक रहे हों।

विट : काणेलीपुत्र, यह शिलातल है, यहाँ बैठो।

शकार : यह मैं बैठ गया। (विट के साथ बैठकर) आचार्य, अब

भी वशंतशेना का श्मरण हो आता है। जैशे गाली हृदय में खुभ जाती है, वैसे ही वह मेरे हृदय में खुभी हुई है।

विट : (स्वगत) इस तरह अपमानित होकर भी यह उसका स्मरण करता है !

शकार : आचार्य, कितनी देर हो गई चेट श्थावरक शे कहे कि वह गाड़ी लेकर शीघ्र आ जाए, परंतु वह अभी तक नहीं आया। मुझे बहुत भूख लगी है और इश धूप में पैरों शे चलकर जाना अशंभव है। देखो न

आकाश में लटका हुआ शूर्य
क्रोधी वानर की तरह है जिशकी ओर देखा नहीं जाता।
भूमि इश तरह शंतप्त है
जैशे शौ पुत्रों के मरने पर गांधारी शंतप्त थी !

विट : सच कह रहे हो।

घास खाना छोड़कर
गौएँ छाया में विश्राम कर रही हैं।
प्यास के मारे पशु
सरोवरों का उबलता हुआ पानी पी रहे हैं।
धूप से डरकर नगरवासी
बाहर मार्ग पर नहीं चल रहे।
मुझे लगता है
तपी हुई भूमि को छोड़कर
गाड़ी कहीं रुक गई है !

शकार : आचार्य !

शूर्य का चरण मेरे शिर पर है
तथा पक्षी, पंछी और पखेरू
वृक्षों की शाखाओं पर शो गए हैं।
नर पुरुष और मनुष्य
लंबी-लंबी गरम शाँशें लेते हुए
घरों में बंद होकर
अपने को धूप शे बचा रहे हैं।

आचार्य, चेट अब भी नहीं आया। मैं इश बीच गाकर

अपना कुछ मनोरंजन कर लूँ।

गाने लगता है।

क्यों आचार्य, शुना मेरा संगीत ?

विट : क्या कहने हैं ? गंधर्व हो तुम तो !

शकार : गंधर्व कैशे न होऊँगा ?

मेरा श्वर मीठा क्यों न हो,
पता है मैंने किश गंधयुक्ति का शेवन किया है ?
हींग से उजला किया हुआ जीरा और मोथा,
वच की गाँठ और गुड़ शे मिश्रित शोंठ !
लो आचार्य, अब फिर शे गाता हूँ।

फिर गाने लगता है।

आचार्य, शुना मेरा संगीत ?

विट : क्या कहने हैं ! कहा है गंधर्व हो तुम !

शकार : गंधर्व कैशे न होऊँगा ?

हींग शे उजला किया हुआ,
मरीच के चूर्ण शे शना
तथा घी और तेल में बघारा हुआ
कोयल का मांश मैंने खाया है—
मेरा श्वर मीठा कैसे न होगा ?

आचार्य, चेट अब तक भी नहीं आया !

विट : घबराओ नहीं, वह अभी आ जाएगा।

गाड़ी में वसंतसेना को लिये हुए चेट का प्रवेश।

स्थावरक : दोपहर हो गई ! डर रहा हूँ कि राजश्यालक संस्थानक क्रोध न कर रहा हो। तो शीघ्र चलूँ। चलो गोपुत्रो, चलो !

वसंतसेना : यह स्वर वर्द्धमानक का तो नहीं है। क्या उसकी थकान दूर करने के लिए आर्य चारुदत्त ने दूसरे गाड़ीवान के साथ कोई और ही गाड़ी भेजी है ? मेरी दाईं आँख फड़क रही है और हृदय काँप रहा है। दिशाएँ सूनी-सूनी लग रहीं हैं और सबकुछ विपरीत-सा प्रतीत होता है।

शकार : आचार्य, गाड़ी आ गई।

विट : कैसे पता चला ?

शकार : आपको बूढ़े शूअर का-शा घुर-घुर शब्द दिखाई नहीं दे रहा ?

विट : (देखकर) ठीक पहचाना है तुमने। गाड़ी आ गई है !

शकार : बेटा चेट श्थावरक, आ गया तू ?

स्थावरक : हाँ, आ गया, स्वामी !

शकार : गाड़ी भी आ गई ?

स्थावरक : गाड़ी भी आ गई।

शकार : बैल भी आ गए ?

स्थावरक : हाँ, बैल भी आ गए।

शकार : और तू भी आ गया ?

स्थावरक : (हँसकर) हाँ स्वामी, मैं भी आ गया।

शकार : तो गाड़ी अंदर ले आ।

स्थावरक : किस मार्ग से लाऊँ ?

शकार : शामने शे इश दीवार के ऊपर शे।

स्थावरक : तब तो स्वामी, बैल मर जाएँगे, गाड़ी टूट जाएगी और आपका चेट भी चल बसेगा।

शकार : अरे मैं राजा का शाला हूँ। बैल मर जाएँगे, तो नए बैल ले आऊँगा। गाड़ी टूट जाएगी, तो दूशरी गाड़ी बनवा लूँगा। तू चल बशेगा, तो कोई और गाड़ीवान रख लूँगा।

स्थावरक : और सबकुछ तो हो जाएगा स्वामी, परंतु मेरे शरीर को यह आत्मा फिर नहीं मिलेगी।

शकार : मैंने कहा कि शबकुछ नष्ट हो जाने दे। गाड़ी इश दीवार के ऊपर शे ही आएगी।

स्थावरक : (बाहर आकर)[1] भाड़ में जा री गाड़ी, स्वामी समेत भाड़ में चली जा, जिससे नई गाड़ी बन सके। जाकर स्वामी से भी यही कह दूँ ? (अंदर आकर) अरे ! नहीं टूटी यह !...स्वामी, आ गई गाड़ी।

शकार : अरे ! न बैल टूटे, न रश्शियाँ मरीं और तू भी जीता-जागता शामने खड़ा है !

स्थावरक : हाँ, स्वामी !

---

1. कोष्ठ अनुवादक की ओर से।

शकार : आचार्य, आइए गाड़ी को देख लें। आप मेरे गुरु, परम गुरु हैं।
अंतरंग, आदरणीय और शम्माननीय हैं। आप पहले गाड़ी में बैठें।

विट : अच्छी बात है।

बैठने लगता है।

शकार : नहीं-नहीं, ठहर जाइए ! गाड़ी क्या आपके बाप की है जो आप पहले बैठ रहे हैं ? गाड़ी का श्वामी मैं हूँ, पहले मैं चढ़ूँगा।

विट : तुम्हीं ने तो चढ़ने को कहा था।

शकार : मैं चाहे कहूँ, परंतु आपको आदरपूर्वक कहना चाहिए कि 'नहीं' श्वामी, पहले तुम बैठो।'

विट : तो बैठो तुम !

शकार : हाँ, मैं गाड़ी में बैठता हूँ। चेट श्थावरक, बेटे, गाड़ी को घुमा ले।

स्थावरक : बैठिए स्वामी !

स्थावरक गाड़ी को घुमाता है। शकार बैठने लगता है परंतु डरकर झट से उतर पड़ता है और विट के गले से लिपट जाता है।

मर जाएँगे आचार्य, मर जाएँगे ! गाड़ी में पता नहीं चोर है कि राक्षसी है ! राक्षसी है, तो दोनों को लूट लेगी, चोर है तो दोनों को खा जाएगा।

विट : डरो नहीं। राक्षसी क्या बैलगाड़ी में बैठकर आएगी ? दोपहर की धूप से तुम्हारी आँखें चुँधिया रही हैं, इसलिए चादर ओढ़े हुए स्थावरक की छाया को देखकर तुम्हें भ्रम हो गया होगा।

शकार : बेटा चेट श्थावरक, तू जीता है न ?

स्थावरक : हाँ स्वामी, जीता हूँ।

शकार : आचार्य, गाड़ी में अवश्य कोई श्त्री बैठी है। आप श्वयं देख लें।

विट : सचमुच कोई स्त्री है ?

तो आओ
वर्षा ताड़ित वृषभों की तरह सिर झुकाए
हम लोग यहाँ से चलें !
मैं सभा में गौरव की रक्षा करनेवाला व्यक्ति हूँ
कुलस्त्रियों की ओर देखते हुए मुझे संकोच होता है !

वसंतसेना : (आश्चर्यपूर्वक स्वगत) मेरी आँखों का काँटा राजश्यालक यहाँ है तब तो मेरे प्राण भी संशय में हैं। ऊसर में पड़े हुए बीज की तरह मुझ अभागिन का यहाँ आना निष्फल हो गया। अब क्या करूँ ?

शकार : आचार्य, यह बूढ़ा चेट डर के मारे गाड़ी के अंदर झाँककर नहीं देखता। आप देख लें न !

विट : अच्छा कोई बात नहीं, मैं देख लेता हूँ।

शकार : कौवे दौड़ रहे हैं और गीदड़ आकाश में उड़ रहे हैं। जब तक वह राक्षशी आचार्य को दाँतों शे देखती और आँखों शे निगलती है, तब तक मैं यहाँ शे भाग खड़ा होता हूँ।

विट : (वसंतसेना को देखकर विषादपूर्वक स्वगत) अरे ! आज हरिणी बाघ के पीछे चली आई है। कितने दुःख का विषय है !

शरत् के चाँद की तरह सुंदर
पुलिन-निवासी हंस से बिछुड़कर
आज यह हंसिनी
कौवे के पास चली आई है !

(अलग से) वसंतसेने, यह बात उचित और तुम्हारे अनुकूल नहीं।

क्या जान-बूझकर इस ओर आई हो ?

वसंतसेना : नहीं-नहीं। (सिर हिलाती है।) देखिए, गाड़ी बदल जाने से मैं यहाँ आ गई हूँ, और इस समय आपकी शरण में हूँ।

विट : ऐसा है, तो डरो नहीं। मैं उससे कुछ-न-कुछ छल करता हूँ। (शकार के पास जाकर) काणेलीपुत्र, गाड़ी में तो सचमुच कोई राक्षसी है।

शकार : शचमुच राक्षशी है आचार्य, तो उशने तुम्हारा धन क्यों नहीं छीना ? और चोर है, तो तुम्हें खा क्यों नहीं लिया ?

विट : यह सब जानने में क्या रखा है ? हम लोग उद्यान के साथ-साथ पैदल उज्जयिनी तक चले जाएँ, तो क्या है ?

शकार : परंतु उशशे लाभ क्या होगा ?

विट : हम लोगों का व्यायाम हो जाएगा और गाड़ी की धुराओं को थोड़ा विश्राम मिल जाएगा।

शकार : ठीक है, ऐशे ही शही। चेट श्थावरक, गाड़ी ले जा। नहीं, ठहर जा। देवताओं और ब्राह्मणों शे आगे जानेवाला मैं पैदल चलूँगा ? नहीं, मैं गाड़ी पर बैठकर ही जाऊँगा जिशशे लोग दूर से देखकर कहें कि 'वह राजा का शाला हमारा श्वामी आ रहा है !'

विट : (स्वगत) विष को औषध बनाना कठिन है। तो यह उपाय करूँ।

(प्रकट) काणेलीपुत्र, वास्तव में वसंतसेना यहाँ भ्रम से चली आई है।

वसंतसेना : कैसी पाप की बात कही है इसने !

शकार : (हर्षपूर्वक) आचार्य, यहाँ ? अर्थात् मनुष्य-श्रेष्ठ वाशुदेव के पाश ?

विट : हाँ-हाँ, तुम्हारे पास।

शकार : तब तो आज अद्भुत लक्ष्मी प्राप्त हो गई। उश बार मैंने इशे रुष्ट कर दिया था, इशलिए आज पैरों पर पड़कर इशे प्रशन्न कर लेता हूँ।

विट : हाँ-हाँ, क्यों नहीं ?

शकार : तो जा रहा हूँ उशके पैरों पड़ने ! (वसंतसेना के पास जाकर) माता ! अंबिके ! तू मेरा निवेदन शुन !

मैं तेरे चरणों पर पड़ रहा हूँ, आर्ये !
तुझे हाथ जोड़ रहा हूँ,
तू मुझे क्षमा कर
मैं तेरा दाश तेरे शामने अवनत हूँ !

वसंतसेना : (क्रोधपूर्वक) दूर हट ! कैसी नीचता की बात कर रहा है ?

उसे पैर से ठोकर मारती है।

शकार : (क्रुद्ध होकर)

माता और अंबिका
जिशे प्यार शे चूमती रहीं,
और देवताओं की वंदना के लिए भी
जो नहीं झुका,
वही अपना शिर
मैंने तेरे चरणों पर गिरा दिया है–
जैशे वन में श्रृंगाल
मांशपिंड को गिराता है !

अरे चेट श्थावरक, तू इशे कहाँ शे लाया है ?

स्थावरक : स्वामी, राजमार्ग गाँव की गाड़ियों से रुका था। मैं अपनी गाड़ी को चारुदत्त की वृक्ष-वाटिका के पास रोककर चाक फिराने के लिए उतर पड़ा था। लगता है कि तभी यह इसे कोई दूसरी गाड़ी समझकर इसमें आ बैठी है।

शकार : तो गाड़ी बदल जाने शे आई है, श्वयं नहीं आई...तो उतर जा मेरी गाड़ी शे। चली थी शार्थवाहपुत्र के पाश और बैल थकाती है मेरे ! उतर-उतर मेरी गाड़ी शे।

वसंतसेना : आर्य चारुदत्त के पास जाती थी, यह सुनकर हृदय कृतार्थ हो गया। अब चाहे जो भी हो।

शकार :
तुझे इन हाथों शे पकड़कर,
जिनके दश नख दश कमलों के शमान हैं
और जो शौ-शौ चाटुकारों पर
आघात करने में कुशल हैं,
अभी तेरे शरीर को गाड़ी शे खींचता हूँ–
खींचा था जटायु ने–
जैशे बाली की पत्नी को।

विट :
गुणवती स्त्रियों को
केशों से खींचना–असंगत है।
उपवन की लताओं के
पत्ते तोड़े नहीं जाते !

तुम हटो। मैं इसे उतारता हूँ। उतर आओ वसंतसेने !

वसंतसेना उतरकर एक ओर खड़ी हो जाती है।

शकार : (स्वगत) उश दिन इशने मुझशे अपमान की बात कही थी, तो मेरी क्रोध की आग भड़क उठी थी। आज इशने पैर शे मारा है, तो वह आग शुलग उठी है। आज मैं इशे मार ही देता हूँ। यही ठीक है। (प्रकट) आचार्य शुनिए तो !

यदि शौ-शौ शूत्रों शे बुना हुआ
लंबा विशाल वश्त्र पाना चाहते हैं
और यदि मांशखंड दाँतों में लेकर
आनंद शे चुहू-चुहू करना चाहते हैं...

विट : तो क्या करूँ ?

शकार : मेरे मन का कार्य करें।

विट : कोई बुरा कार्य न हो, तो मैं करने को तैयार हूँ।

शकार : बुराई की तो उशमें गंध भी नहीं है, आचार्य ! यह राक्षशी थोड़े ही न है ?

विट : तो कहो क्या करने को कहते हो ?

शकार : बश, वशंतशेना को मार दें।

विट : (कानों पर हाथ रखकर)

इस निरपराध बाला को
मार दूँ ?
परलोक की नदी मैं किस नौका में पार करूँगा ?

शकार : नौका आपको मैं दे दूँगा। फिर यह निर्जन उद्यान है। यहाँ इशे मारते आपको कौन देख रहा है ?

विट :

पाप और पुण्य के सब साक्षी
मुझे देख रहे हैं।
दस दिशाएँ, वन के देवता
चाँद और दीप्तिमान सूर्य,
धर्म और वायु
आकाश और अंतर्रात्मा
तथा यह धरती—
सभी मुझे देख रहे हैं।

शकार : तो ऐशा करें कि चादर में लपेटकर मार दें।

विट : मूर्ख, तुम बहुत पतित हो गए हो !

शकार : यह बूढ़ा शूअर पाप शे डरता है। अच्छा, तो चेट श्थावरक शे कहता हूँ। चेट श्थावरक, बेटे मैं तुझे शोने के कंगन दूँगा।

स्थावरक : मैं उन्हें पहन लूँगा।

शकार : और शोने की चौकी बनवा दूँगा।

स्थावरक : मैं उस पर बैठ जाऊँगा।

शकार : और शारा जूठा भोजन तुझे दे दिया करूँगा।

स्थावरक : मैं उसे खा लूँगा।

शकार : और तुझे शब चेटों का मुखिया बना दूँगा।

स्थावरक : ...मैं बन जाऊँगा।

शकार : केवल तुझे मेरी एक बात माननी होगी।

स्थावरक : कोई बुरा कार्य न हो, तो मैं करने को तैयार हूँ।

शकार : अरे बुराई की तो उशमें गंध भी नहीं है।

स्थावरक : तो स्वामी आज्ञा करें।

शकार : इशे...वशंतशेना को मार दे।

स्थावरक : अपराध क्षमा करें स्वामी ! मैं बहुत अधम हूँ जो दूसरी गाड़ी के भुलावे में इन्हें यहाँ तक ले आया हूँ।

शकार : तो चेट, तुझ पर भी मेरा अधिकार नहीं ?

स्थावरक : मेरे शरीर पर आपका अधिकार है स्वामी, परंतु चरित्र पर नहीं है। आप रुष्ट न हों, मुझे बहुत भय लगता है।

शकार : मेरा चेट होकर तुझे किशशे भय लगता है ?

स्थावरक : परलोक से।

शकार : परलोक क्या है ?

स्थावरक : स्वामी, पाप और पुण्य का परिणाम !

शकार : पुण्य का परिणाम ? कैशा होता है ?

स्थावरक : जैसे आपको सोने का भंडार मिला है...।

शकार : और पाप का परिणाम कैशा होता है ?

स्थावरक : जैसे मुझे दूसरों का जूठा अन्न खाना पड़ता है। इसलिए बुरा कार्य मैं नहीं करूँगा।

शकार : तो तू उशे नहीं मारेगा ?

उसे तरह-तरह से पीटता है।

स्थावरक : आप पीट लें या जान से मार दें, परंतु बुरा कार्य मैं नहीं करूँगा।

भाग्य के दोष से
जन्म से मुझे दास का जीवन मिला है !
अब और पाप नहीं करूँगा
और इस अकार्य से बचा रहूँगा।

वसंतसेना : आचार्य, मैं आपकी शरण में हूँ।

विट : अब इसे क्षमा करो काणेलीपुत्र ! स्थावरक, तुम कितने अच्छे हो !

सदा अपमानित होनेवाला दरिद्र दास
अपना परलोक सुधारना चाहता है;
परंतु इसके स्वामी को परलोक की चिंता नहीं।
सत्कार्य से हटकर जो लोग अकार्य करते हैं,
वे नष्ट क्यों नहीं होते, कुछ समझ में नहीं आता !

एवं

दैव का विधान
कितना असंगत और प्रतिकूल है—
कि तुम स्वामी हो और यह तुम्हारा दास है;
कि तुम्हारी लक्ष्मी इसे प्राप्त नहीं हुई
और इसकी आज्ञा का पालन तुम्हें नहीं करना पड़ता।

शकार : (स्वगत) वह गीदड़ अधर्म शे डरता है। यह जन्म का दाश परलोक शे डरता है। परंतु मनष्यों और पुरुषों में श्रेष्ठ मैं राजा का शाला किशशे डरता हूँ ? अरे जन्म के दाश चेट ! जा तू किशी गुप्त श्थान में छिपकर एकांत में विश्राम कर !

स्थावरक : जैसी आज्ञा ! (वसंतसेना के पास जाकर) आर्ये, मेरी सामर्थ्य इतनी ही है।

चला जाता है।

शकार : (परिकर बाँधते हुए) ठहर तू वशंतशेने ! अभी तुझे मार देता हूँ।

विट : अच्छा ! मेरे सामने ही उसे मार दोगे ?

उसे गले से पकड़ लेता है। शकार भूमि पर गिर जाता है।

शकार : आचार्य, आप श्वामी को मार रहे हैं।

मूर्च्छित हो जाता है। फिर सचेत होकर :

शदा घी और मांश खिलाकर
मैंने आपको मोटा किया।
आज काम का शमय आने पर
आप मेरे वैरी हो गए ?

(सोचता हुआ) अच्छा, अब उपाय शमझ में आ गया। बूढ़े श्रृंगाल के शिर के हिलने शे मुझे श्वीकृति का शंकेत मिला है। अब पहले इशे पीशकर फिर वशंतशेना को मारूँगा। यही ठीक है। (प्रकट) आचार्य, मैंने जो आपशे कहा था, वह इशलिए कहा था कि बड़े-बड़े शूर कुत्तों के वंश में उत्पन्न होकर मैं श्वयं यह कार्य नहीं कर शकता। इशलिए चाहता था कि आप यह कार्य श्वीकार कर लें।

विट : कुलीन होने से कुछ नहीं होता,
स्वभाव की श्रेष्ठता ही मनुष्य को श्रेष्ठ बनाती है।
अच्छी भूमि से उत्पन्न होने पर भी
बबूल का पेड़ काँटे ही उगाता है।

शकार : बात यह है आचार्य, आपके शामने इशे लज्जा आती है। आप जाकर देखें–वह श्थावरक चेट है न–उसे मैंने पीट दिया है। वह भागा जा रहा है, आप उशे मनाकर ले आएँ।

विट : ठीक है, मैं चला जाता हूँ।

वसंतसेना : (उसके वस्त्र का छोर पकड़कर) मैंने आपसे कहा था आचार्य कि मैं आपकी शरण में हूँ।

विट : डरो नहीं वसंतसेने ! काणेलीपुत्र, मैं वसंतसेना को तुम्हारे हाथ में धरोहर के रूप में छोड़कर जा रहा हूँ।

शकार : ठीक है। मेरे हाथ में धरोहर सुरक्षित रहेगी।

विट : सच कहते हो ?

शकार : बिलकुल शच कहता हूँ।

विट : (कुछ कदम जाकर) मेरे चले जाने पर यह क्रूर उसकी हत्या ही न कर दे ! तो छिपकर यहाँ से देखता हूँ कि यह क्या करना चाहता है।

एकांत में खड़ा हो जाता है।

शकार : अब इशे मार दूँगा। परंतु कहीं ऐशा न हो कि वह बूढ़ा धूर्त श्रृंगाल छल कर रहा हो और शरीर ढाँपकर गीदड़ बना कहीं पाश में छिपकर खड़ा हो ! तो उशे ठगने के लिए यह उपाय करता हूँ।

फूल चुनकर उनसे अपने शरीर को सजाता हुआ :

बाले ! वशंतशेने ! यहाँ पाश तो आ !

विट : अब मैं निश्चिंत होकर जा सकता हूँ।

चला जाता है।

वसंतसेना : (स्वगत) इसमें कुछ संदेह है।

सिर झुकाए हुए

दुष्ट, दुश्चरित्र !

तू मुझे धन का लोभ देता है ?

विशुद्ध और विभामय
कमल पर मँडरानेवाले भ्रमर
उसका परित्याग कभी नहीं करते।
कुलशीलवान व्यक्ति
धनहीन भी हो, तो उसकी सेवा वांछनीय है।

एक बार आम के पेड़ का आश्रय ले चुकने पर अब मैं पलाश के पेड़ का आश्रय नहीं ले सकती।

शकार : दाशी की बेटी, उस कंगाल चारुदत्त को तो बना दिया आम का पेड़ और मुझे बना दिया पलाश—टेशू भी नहीं ! अब भी तू मुझे गाली दे रही है और उशी का श्मरण कर रही है !

वसंतसेना : वे सदा मेरे लिए पूज्य हैं, उनका स्मरण कैसे न करूँगी ?

शकार : तो जो तेरे लिए पूज्य हैं, उशके शमेत अभी तुझे पीश डालता हूँ ! उश कंगाल शार्थवाह पुरुष की पूजा करने वाली, तू बश अब ठहर जा !

वसंतसेना : कह, कह फिर से कह। ये शब्द सुनकर हृदय को कितना अच्छा लगता है !

शकार : वह दाशी का बेटा कंगाल चारुदत्त तुझे बचा शकता है, तो उशे कह, आकर बचा ले।

वसंतसेना : वे यदि इस समय मुझे देखें, तो अवश्य बचा लें।

शकार : कौन है वह ?

बालि का पुत्र इंद्र या रंभा का पुत्र महेंद्र ?
कालनेमि शुबंधु या द्रोण का पुत्र राजा रुद्र ?
जटायु चाणक्य या धुंधुमार त्रिशंकु ?

और ये शब भी आ जाएँ तो, तुझे नहीं बचा शकते ! महाभारत काल में जैशे चाणक्य ने शीता को मारा था और जैशे जटायु ने द्रौपदी की हत्या कर थी, उशी तरह मैं अभी तुम्हारी हत्या कर दूँगा।

मारने के लिए उद्यत होता है।

वसंतसेना : माँ ! माँ ! कहाँ हो तुम ? आर्य चारुदत्त, देखिए मैं अपने मनोरथ मन में ही लिये जा रही हूँ। मन होता है ऊँचे स्वर में रो दूँ, परंतु नहीं। वसंतसेना का ऊँचे स्वर में रोना लज्जा का विषय होगा। प्रणाम आर्य चारुदत्त !

शकार : तू जन्म की दाशी अब भी उशी पापी का नाम ले रही है ?

(उसका गला दबाता हुआ) तो कर उशी का श्मरण दाशी ! कर उशी का श्मरण !

वसंतसेना : प्रणाम आर्य चारुदत्त !

शकार : तो ले मर अभागी, मर !

गला दबा देता है। वसंतसेना निश्चेष्ट होकर गिर जाती है।

शकार : (हर्षपूर्वक)

इश पाप की पिटारी की हत्या करने में
मैं अपना बाहुबल दिखाऊँगा।
यह तो मेरे निःश्वाश शे ही मर जाएगी
जैसे महाभारत में माता शीता के साथ हुआ था !
शूने पुष्पकरंडक वन में
अपने हाथों के पाश शे डरी हुई आर्या को
उशी पाश में कशकर
मैंने मार दिया—
क्योंकि उशने मेरा शम्मान नहीं किया।

मेरे माता-पिता या द्रौपदी माता ने
अपने वत्श का
यह शूर कर्म यदि नहीं देखा,
तो वे शब-के-शब वंचित ही रह गए !

वह बूढ़ा श्रृंगाल अभी चला आएगा। तो एक ओर हटकर खड़ा हो जाता हूँ।

स्थावरक के साथ विट का प्रवेश

विट : स्थावरक को मैं मनाकर ले आया हूँ, अब देखूँ काणेलीपुत्र कहाँ है ! (घूमकर और देखकर) अरे मार्ग में पेड़ गिरा हुआ है ! उसके गिरने से एक स्त्री नीचे दब गई। हाय रे पातकी, यह तूने क्या अनर्थ किया ! तुझ पापी के गिरने से हमें अब स्त्री-हत्या के साक्षी होने का पाप ढोना पड़ेगा ! इस अपशकुन को देखकर मेरा मन वसंतसेना के लिए शंकित हो रहा है। देवता कुशल करें। (शकार के पास पहुँचकर) काणेलीपुत्र, मैं स्थावरक को मनाकर ले आया हूँ।

शकार : श्वागत है, आचार्य ! चेट श्थावरक, बेटे, तेरा भी श्वागत है।

स्थावरक : अच्छा स्वामी !

विट : मेरी धरोहर कहाँ है ?

शकार : कौन धरोहर ?

विट : वसंतसेना।

शकार : चली गई।

विट : कहाँ ?

शकार : आपके पीछे-पीछे।

विट : (सोचता हुआ) नहीं, वह उस दिशा में तो नहीं आई।

शकार : आप किस दिशा में गए थे ?

विट : पूर्व दिशा में।

शकार : वह दक्षिण दिशा में गई है।

विट : नहीं, मैं भी दक्षिण दिशा में ही गया था।

शकार : तो वह उत्तर दिशा में गई है।

विट : अनाप-शनाप क्यों बोल रहे हो ? तुम्हारी अंतर्रात्मा निर्मल

नहीं है। तुम सच बात कहो।

शकार : मैं अपने चरणों शे आपके शिर की सौगंध खाकर शच बात कहता हूँ—आप हृदय पर हाथ रख लें। उशे मैंने मार दिया है।

विट : (विषादपूर्ण स्वर में) तुमने उसे मार दिया है !

शकार : यदि मेरी बात पर विश्वास नहीं है, तो आप चलकर राजा के शाले शंश्थापक की वीरता अपनी आँखों शे देख लें।

उसे ले जाकर दिखाता है।

विट : हाय, मैं अभागा मर क्यों नहीं गया ?

मूर्च्छित होकर गिर जाता है।

शकार : हा-हा-हा ! आचार्य भी चल बशे।

स्थावरक : आप धैर्य रखें आचार्य ! बिना सोचे गाड़ी में लाकर उसे तो मैंने ही मार दिया था।

विट : (सचेत होकर करुण स्वर में)

भावों की स्रोतस्विनी लुप्त हो गई
और देवी देवलोक को लौट गई !
तुम्हारे चले जाने से
ओ अलंकारधारिणि सुवदने,

—तुम जो कि—प्रहास के पुलिनों में बहती हुई सौजन्य नदी थीं
तथा सब रसों का उत्स और मेरे जैसे व्यक्तियों का आश्रय थीं—

आज सौभाग्य की खान लुट गई।
(अश्रुपूर्ण होकर) कितने कष्ट का विषय है !
किस प्रयोजन से तुमने,
यह अकार्य किया है ?
उस निर्दोष को मारकर,
तुम्हारे पाप ने
आज लक्ष्मी की हत्या कर दी है।

(स्वगत) अरे, यह पापी कहीं अपना पाप मेरे सिर पर न मढ़ दे ! तो यहाँ से निकल चलूँ।

शकार बढ़कर उसे पकड़ लेता है।

दूर रह पातकी, मुझे मत छू ! मैं जा रहा हूँ।

शकार : आचार्य वशंतशेना को मारकर श्वयं भागे जा रहे हैं और दोष मेरे ऊपर छोड़े जा रहे हैं। मैं ही एक ऐसा ऐशा अनाथ मिला हूँ ?

विट : हट जाओ, पतित हो तुम !

शकार : धन दूँगा आपको
शौ श्वर्ण मुद्राएँ–
बीश कौड़ियों के शाथ शौ राजमुद्राएँ !
मेरे पराक्रम का अपराध
आप किशी शाधारण व्यक्ति पर डाल दें।

विट : छिः ! नीच, तुम्हारा अपराध तुम्हारे सिर पर ही रहेगा !

स्थावरक : कैसी पाप की बात उसने कही है !

शकार हँसता है।

विट : परिहास छोड़ो
अब तुम्हारे साथ मेरी प्रीति नहीं है।
धिक्कार है उस अनिष्टकर प्रीति को
जो व्यक्ति के लिए अपमान का कारण हो;
तुम्हारे साथ मेरा सहयोग
अब असंभव है।
टूटे हुए गुणहीन धनुष की तरह
मैं तुम्हें छोड़कर जा रहा हूँ।

शकार : अब प्रसन्न हो जाइए आचार्य। चलिए, हम लोग कमलिनी के अंदर बैठकर क्रीड़ा करें।

विट : मैं पतित नहीं हूँ,
फिर भी तुम्हारे साथ होने से
लोग मुझे पतित और अनार्य ही समझेंगे।
तुम स्त्री-हत्या के पातकी हो,
मैं तुम्हारा अनुसरण नहीं करूँगा।
नगर की स्त्रियाँ, सदा-सदा के लिए
शंका से आँखें आधी मूँदकर
तुम्हारी ओर देखा करेंगी।
(करुण स्वर में) वसंतसेने !

चाहता हूँ सुंदरि,
कि अब तुम्हें नए जीवन में यह देखने को न मिले !
तुम्हारे शील की संपत्ति
किसी उज्ज्वल कुल को ही अलंकृत करे !

शकार : मेरे जीर्ण पुष्पकरंडक उद्यान में आकर आपने वशंतशेना की हत्या की है। अब आप कहाँ भागे जा रहे हैं ? चलिए, मेरे बहनोई के शामने चलकर अपनी श्थिति श्पष्ट कीजिए !

उसे पकड़ लेता है।

विट : ठहर दुष्ट !

तलवार खींच लेता है।

शकार : (डरकर पीछे हटता हुआ) आप तो डर गए आचार्य ! अच्छा...जाइए !

विट : (स्वगत) यहाँ रुकना ठीक नहीं। आर्य शर्विलक और चंदनक प्रभृति लोग जहाँ गए हैं, मैं भी वहीं चलता हूँ।

चला जाता है।

शकार : जाइए, मरिए ! श्थावरक, बेटे, तू बता मैंने यह कैशा कार्य किया है ?

स्थावरक : बहुत बुरा कार्य किया है, स्वामी !

शकार : अरे चेट, तू भी कहता है कि मैंने बुरा कार्य किया है ? तो ऐशे करूँ ! (शरीर से कई आभूषण उतारकर) ले। ये आभूषण मैंने तुझे दिए। जितना शमय मैं इन्हें पहने रहूँ, उतना शमय ये मेरे, शेष शमय तेरे।

स्थावरक : ये आपके शरीर पर ही शोभा देते हैं स्वामी, मैं इनका क्या करूँगा ?

शकार : तो जा, मेरे प्राशाद की वह छोटी-शी शुंदर ड्योढ़ी है न—तू बैलों को लेकर वहाँ ठहर। मैं अभी आता हूँ।

स्थावरक : जैसी आज्ञा।

चला जाता है।

शकार : आचार्य तो आत्म-रक्षा के लिए आँखों से शे दूर हो गए। चेट को मैं अपने प्राशाद की ड्योढ़ी में शृंखला डालकर रख दूँगा। इशशे भेद बाहर नहीं निकलेगा। तो चलूँ। नहीं

पहले इशे देख लूँ कि ठीक शे मर गई है या इशे फिर शे मारना होगा। (देखकर) ठीक शे मर गई है। इशे इश वश्त्र शे ढक देता हूँ। परंतु इश पर तो नाम लिखा है, कोई भी शभ्य व्यक्ति देखते ही पहचान लेगा। वायु ने यहाँ शूखे पत्ते इकट्ठे कर दिए हैं, इनशे इशे ढक देता हूँ। (तदनुसार कार्य करके सोचता हुआ) हाँ, ऐशे ही करना ठीक है। न्यायालय में जाकर अभियोग लिखवा देता हूँ कि शार्थवाह चारुदत्त ने वशंतशेना को मेरे जीर्ण पुष्पकरंडक उद्यान में लाकर धन के लिए उशकी हत्या कर दी है।

पवित्र नगरी में
पशुहत्या करने की तरह
इश नए छल की रचना करता हूँ।

तो अब चलूँ।

निकलते हुए सामने देखकर और भयभीत होकर।

अरे मरा ! जिश मार्ग शे भी जाने लगता हूँ, उशी मार्ग शे यह दुष्ट भिक्षु गँदले पानी में भीगा चीवर लिये आता दिखाई दे जाता है। मैंने इशकी नाक में छेद करके इशे खदेड़ दिया था। यह मुझे देख लेगा, तो वैर निकालने के लिए शबशे कहता फिरेगा कि शकार ने ही वशंतशेना की हत्या की है। तो किधर शे जाऊँ ? (देखकर) यहाँ दीवार आधी गिरी हुई है, इशे लाँघकर निकल जाता हूँ।

वैशे ही शीघ्र-शीघ्र चलूँ।
जैशे लंका को जाता हुआ महेंद्र
भूमि और पाताल लाँघकर
हनुमान पर्वत को पार कर गया था !

चला जाता है। उसी यवनिका पर भिक्षु संवाहक का प्रवेश।

भिक्षु संवाहक : अपना चीवर मैंने धो लिया है; अब इसे सुखाऊँ कहाँ ? पेड़ की डाल पर ! परंतु वहाँ वानर इसे फाड़ डालेंगे। तो भूमि पर ? परंतु यहाँ सब धूल लग जाएगी। तो कहाँ

सुखाऊँ ? (देखकर, वायु ने सूखे पत्ते यहाँ इकट्ठे कर दिए हैं। इन पर फैला देता हूँ। (तदनुसार कार्य करके) नमो बुद्धाय !

बैठ जाता है।

अब कुछ देर धर्माक्षरों का उच्चारण कर लूँ।

पंच जनों की जिसने हत्या की है
और स्त्री को मार ग्राम की रक्षा की है,
निर्बल चांडाल का जिसने ध्वंस कर दिया है
वह व्यक्ति अवश्य स्वर्ग में जाएगा !

परंतु मुझे स्वर्ग नहीं चाहिए। बुद्ध की उपासिका वसंतसेना ने जुआरियों को दस मुद्राएँ देकर मुझे छुड़ाया था। जब तक मैं उसके इस उपकार का बदला नहीं चुकाता, तब तक मैं अपने को उसका क्रीतदास समझता हूँ !...अरे ! पत्तों के नीचे यह साँस कौन ले रहा है ?

धूप और हवा से सूखे हुए पत्ते
चीवर के जल से भीग गए हैं।
जब ये हिलकर इधर-उधर बिखरते हैं,
तो लगता है नन्हें-नन्हें पक्षी काँप रहे हैं।

वसंतसेना चेतना प्राप्त कर अपना हाथ बाहर निकालती है।

अरे ! किसी स्त्री का शुद्ध आभूषणों से अलंकृत हाथ बाहर निकल रहा है ! दूसरा हाथ भी ? (विभिन्न कोणों से देखकर) यह हाथ तो परिचित-सा जान पड़ता है। नहीं, इसमें विचार की बात ही नहीं है। यह वही हाथ है जिसने मुझे अभयदान दिया था। अच्छा, देखूँ। (पत्ते हटाने का नाट्य करके तथा देखकर) वही हैं—वही बुद्ध की उपासिका !

वसंतसेना पानी की याचना करती है।

ये पानी पीना चाहती हैं। पानी तो यहाँ से दूर है। क्या करूँ ? अच्छा, यह चीवर इनके ऊपर निचोड़ता हूँ।

वसंतसेना सचेत होकर उठ बैठती है।

भिक्षु पल्ले से हवा करता है।

वसंतसेना : आप कौन हैं, आर्य ?

भिक्षु : उपासिका, मुझे नहीं पहचानतीं ? आपने दस मुद्राओं में मुझे अपना दास बना लिया था !

वसंतसेना : पहचान रही हूँ, परंतु उस रूप में नहीं जिस रूप में आप कहते हैं। ऐसी बात सुनने से तो मृत्यु ही श्रेयस्कर है।

भिक्षु : यह आपके साथ हुआ क्या है, उपासिके ?

वसंतसेना : जो होना चाहिए था।

भिक्षु : उपासिका, वृक्ष के समीप उगी हुई इस लता को पकड़कर उठ सकती हैं।

लता को झुकाता है। वसंतसेना उसे पकड़कर उठ खड़ी होती है।

देखिए, उस विहार में मेरी एक धर्म की बहन रहती है। उपासिका वहाँ चलकर पहले स्वस्थ-चित्त हो जाएँ। फिर घर जाने की सोचें। आप धीरे-धीरे चली जाएँ। (चलते हुए सामने देखकर) हट जाइए आर्यजन, मार्ग से हट जाइए ! यह भिक्षु एक तरुणी के साथ जा रहा है, इसमें कोई दोष नहीं। मैं धर्म का ही कार्य कर रहा हूँ।

हाथ, मुख और इंद्रियों पर जिसका संयम है
उसका राजकुल क्या बिगाड़ सकता है ?
वह व्यक्ति सर्वथा निर्भय है
क्योंकि परलोक को भी उसने वश में कर रखा है।

प्रस्थान।

वसंतसेना-मोटन नामक आठवाँ अंक।

अंक : नौ

शोधनक का प्रवेश।

शोधनक : न्यायाधीशों ने आदेश दिया है कि शोधनक, न्याय-मंडप में जाकर आसन सजाकर रखो ! अब चलकर न्याय-मंडप को व्यवस्थित कर दूँ। (घूमकर और देखकर) यह रहा न्याय-मंडप ! अब अंदर चलता हूँ। (मंडप में आकर धूल झाड़ने और आसन रखने का नाट्य करके) न्याय-मंडप को मैंने झाड़-बुहार दिया है और आसन भी ठीक से रख दिए हैं। अब जाकर न्यायाधीशों को सूचना दे देता हूँ। (घूमकर और देखकर) अरे ! यह दुष्ट-दुर्जन मनुष्य राजा का साला इसी ओर आ रहा है। इसकी दृष्टि बचाकर ही जाना चाहिए।

उज्ज्वल वेश में शकार का प्रवेश।

शकार :

वन-उपवन-उद्यान में
जल शलिल और पानी शे
मैंने
गंधर्व की तरह
अपने शुगठित अंगों का श्नान किया है।
राजा का शाला हूँ मैं
चित्र-विचित्र रुचियाँ हैं मेरी !
एक क्षण केशों की गाँठ का जूड़ा करता हूँ,
दूशरे क्षण उन्हें बिखराकर फिर शँवारने लगता हूँ—
क्षण-भर खुले रखता और फिर ऊँचे करके बाँध
लेता हूँ।

मृणाल की गाँठ में घुशे कीड़े की तरह छिद्र का अन्वेषण करते हुए मैं एक महाछिद्र में आ गिरा हूँ। अपना यह क्षुद्र

अपराध किशके शिर पर डालूँ ? (स्मरण करके) हाँ-हाँ, श्मरण हो आया। वह क्षुद्र अपराध तो मुझे चारुदत्त के शिर पर डालना है। वह निर्धन है और निर्धन व्यक्ति कुछ भी कर शकता है। तो न्याय-मंडप में जाकर पहले शे यह अभियोग लिखा दूँ कि चारुदत्त ने गला दबाकर वशंतशेना की हत्या की है। (घूमकर और देखकर) यह रहा न्याय-मंडप। अब अंदर चलूँ। (अंदर आकर और देखकर) यहाँ आशन लग गए हैं। तो जब तक न्यायालय के कर्मचारी आएँ, तब तक इश हरी घाश के चौंतरे पर बैठकर प्रतीक्षा करता हूँ।

बैठ जाता है।

शोधनक : (दूसरी ओर से घूमकर सामने देखता हुआ) वे न्यायाधीश आ रहे हैं, आगे चलूँ।

आगे बढ़ता है। श्रेष्ठी तथा कायस्थ इत्यादि के साथ अधिकरणिक का प्रवेश।

अधिकरणिक : श्रेष्ठी तथा कायस्थ !

श्रेष्ठी तथा कायस्थ : आज्ञा करें आर्य !

अधिकरणिक : न्याय के नियमों से नियंत्रित होने के कारण दूसरों के हृदय के सत्य को पहचान लेना हमारे लिए बहुत कठिन है।

न्यायलय में आकर लोग
झूठे अभियोगों को
नीतिपूर्ण बनाकर प्रस्तुत करते हैं।
क्रोध से अंधे हुए वे
अपने दोषों की बात जिस्वा पर नहीं लाते
वादी-प्रतिवादी के दोष
बढ़-चढ़कर राजा का लांछन बन जाते हैं।
संक्षेप में कहूँ, तो कह सकता हूँ
कि न्यायाधीश को कीर्ति नहीं
बस अपयश ही मिलता है।

और

अच्छे-से-अच्छे लोग
नीति से हटकर
अपने अपराध को नैतिक बताते हैं
न्यायालय में अपने दोषों को
वे छिपाकर रखना चाहते हैं,
एक-दूसरे के पाप के भागी वे
और-और अपराध करते हुए नष्ट हो जाते हैं।
संक्षेप में कहूँ, तो कह सकता हूँ
कि न्यायाधीश को कीर्ति नहीं
बस अपयश ही मिलता है।

न्यायाधीश वही हो सकता है
जो शास्त्रों का ज्ञाता
और कपटाचार को समझने में कुशल हो,
अच्छा वक्ता हो, क्रोध से बचता हो,
तथा मित्र और शत्रु को समान भाव से देखकर
उनके कार्य के अनुसार निर्णय कर सकता हो,
जो दुर्बलों का रक्षक और दुष्टों का पीड़क हो,
तथा कर्म के प्रति जिसक मन में आनंद भाव हो;
निर्णय देने में जो यथार्थ की तह तक जा सकता हो;
और इस सबके साथ-साथ
राजा के क्रोध को
ठंडा रख सकता हो।

श्रेष्ठी तथा कायस्थ : यदि आपके गुणों में भी कोई दोष देखता है, तो कहना होगा कि उसे चाँदनी में भी अंधकार दिखाई देता है।

अधिकरणिक : भद्र शोधनक, न्याय-मंडप के मार्ग का निर्देश करो।

शोधनक : न्यायाधीश इधर से आएँ।

सब घूमते हैं।

यह है न्याय-मंडप। न्यायाधीश प्रवेश करें।

सब प्रवेश करते हैं।

अधिकरणिक : शोधनक, बाहर जाकर देखो। कौन-कौन न्यायार्थी उपस्थित हैं।

शोधनक : जो आज्ञा। (बाहर निकलकर) सज्जनो, न्यायाधीश जानना चाहते हैं कि कौन-कौन न्यायार्थी उपस्थित हैं।

शकार : (हर्षपूर्वक) तो न्यायाधीश आ गए ! (गर्वपूर्वक आगे आकर) मैं हूँ न्यायार्थी—वर पुरुष, वर मनुष्य, वाशुदेव, राष्ट्रीय श्याल, राजा का शाला !

शोधनक : (घबराकर) अरे ! पहला न्यायार्थी राजा का साला ही है ! पल-भर ठहरिए आर्य, मैं जाकर न्यायाधीश को सूचित कर दूँ। (अंदर जाकर) आर्य, राजा का साला न्यायार्थी के रूप में न्यायालय में उपस्थित है।

अधिकरणिक : पहला न्यायार्थी राजा का साला है ! सूर्योदय के समय सूर्यग्रहण किसी-न-किसी महापुरुष के विनाश का लक्षण होता है। शोधनक, लगता है आज न्यायालय में बहुत खलबली होगी। तुम जाकर उससे कह दो कि वह चला जाए, आज उसका अभियोग नहीं सुना जा सकता।

शोधनक : जैसी आर्य की आज्ञा। (बाहर आकर और शकार के पास पहुँचकर) न्यायाधीश कहते हैं कि आज आप चले जाएँ, आपका अभियोग आज नहीं सुना जा सकता।

शकार : (क्रुद्ध होकर) मेरा अभियोग नहीं शुना जा शकता ? नहीं शुना जा शकता तो मैं अभी अपने बहनोई तथा अपनी बहन के पति राजा पालक को तथा अपनी बहन को, जो मेरी माँ है, जाकर शूचित कर देता हूँ और इश न्यायाधीश को निकलवाकर इशके श्थान पर दूशरे न्यायाधीश को नियुक्त कराता हूँ।

जाने लगता है।

शोधनक : आर्य राजश्यालक, क्षण-भर ठहरिए, मैं जाकर न्यायाधीश को पता दे दूँ। (न्यायाधीश के पास जाकर) आर्य, राजा का साला क्रोध में कह रहा है कि...। (उसकी बात दोहरा देता है।)

अधिकरणिक : वह मूर्ख कुछ भी कर सकता है। अच्छा जाकर उससे कह दो कि वह आ जाए, उसका अभियोग सुन लिया जाएगा।

शोधनक : (शकार के पास जाकर) आर्य, न्यायाधीश कहते हैं कि आप आ जाएँ, आपका अभियोग सुन लिया जाएगा।...

आप अंदर चलें।

शकार : पहले कहा कि नहीं शुना जा शकता, अब कहते हैं कि शुन लिया जाएगा। इशका अर्थ है न्यायाधीश मुझशे डर गए हैं। अब मैं जो भी कहूँ, उश पर विश्वाश करा लूँगा। (अंदर जाकर और पास पहुँचकर) हम शुखी रहें। तुम लोगों को भी शुख दें—चाहे न भी दें।

अधिकरणिक : (स्वगत) न्यायार्थी होकर भी इसका भाव कितना अवज्ञापूर्ण है ! (प्रकट) यहाँ बैठ जाओ।

शकार : अरे ! मेरी अपनी भूमि है, मैं जहाँ चाहूँ बैठ जाऊँ। (श्रेष्ठी की ओर देखकर) मैं यहाँ बैठता हूँ। (शोधनक की ओर देखकर) नहीं, यहाँ बैठता हूँ। (फिर न्यायाधीश के सिर पर हाथ रखकर) यह लो, यहाँ बैठ गया।

नीचे बैठ जाता है।

अधिकरणिक : तुम न्यायार्थी हो ?

शकार : हाँ।

अधिकरणिक : तो अपना अभियोग बताओ।

शकार : कान में बताऊँगा। मैं हूँ कूकरों-जैशे महान वीरों के कुल में उत्पन्न वीर !

राजा का शशुर मेरा पिता है,
और राजा मेरे पिता का जमाई है।
मैं राजा का शाला हूँ
और मेरी बहन का पति स्वयं राजा है।

अधिकरणिक : यह सब हम जानते हैं।

कुलीन होने से कुछ नहीं होता
स्वभाव की श्रेष्ठता ही मनुष्य को श्रेष्ठ बनाती है।
अच्छी भूमि में उत्पन्न होने पर भी
बबूल का पेड़ काँटे ही उगाता है।
तुम अपना अभियोग बताओ।

शकार : बताता हूँ। मैं अपराध भी करूँ, तो राजा मुझशे कुछ नहीं कह शकता। वह मेरा बहनोई है, उशने प्रशन्न होकर मुझे क्रीड़ा तथा रक्षा के लिए शब उद्यानों में श्रेष्ठ जीर्ण पुष्पकरंडक उद्यान दिया है। मैं प्रतिदिन वहाँ जाता हूँ—उशे

देखने, शुखाने, बुहारने, पालने तथा काटने के लिए। वहाँ दैवयोग से आज मैंने एक श्त्री का शरीर पड़ा हुआ देखा है—शायद न भी देखा हो।

अधिकरणिक : यह जानते हो कि जिसकी मृत्यु हुई है वह स्त्री कौन है ?

शकार : मैं उशे नहीं जानूँगा न्यायाधीश-प्रवर ? उसे—जो शौ-शौ आभूषणों शे शज्जित रहनेवाली मानो स्वयं शोभा थी ? किशी कुपूत ने तुच्छ धन के लिए वशंतशेना को शून जीर्ण पुष्पकरंडक उद्यान में ले जाकर हाथों शे गला दबाकर उशकी हत्या कर दी है। मैं वह व्यक्ति नहीं हूँ...।

इतना कहकर मुँह पर हाथ रख लेता है।

अधिकरणिक : कितने असावधान हैं नगर-रक्षक ! श्रेष्ठी तथा कायस्थ, 'मैं वह व्यक्ति नहीं हूँ' इसकी यह बात सबसे पहले लिख ली जाए !

कायस्थ : जो आज्ञा। (लिखकर) लिख ली है, आर्य !

शकार : (स्वगत) अरे ! उत्कंठित पायश पिंडारक की तरह मैंने आज श्वयं ही अपना नाश कर लिया ! तो ऐशे करूँ। (प्रकट) न्यायाधीश्वर, मैं तो कह रहा था कि मैं वह व्यक्ति हूँ जिशने उशे देखा है। आप लोग व्यर्थ कोलाहल क्यों करते हैं ?

लिखे हुए को पैर से मिटा देता है।

अधिकरणिक : यह तुम्हें कैसे पता चला कि किसी ने उसे धन के लिए मारा है और गला दबाकर मारा है ?

शकार : मैं ऐशे शोचता हूँ क्योंकि उशके गले में खाली हार की डोरी बँधी थी और अंगों पर आभूषण नहीं थे।

श्रेष्ठी तथा कायस्थ : बात तो जँचती है।

शकार : (स्वगत) हा-हा ! मुझे पुनर्जीवन मिल गया !

श्रेष्ठी तथा कायस्थ : इस अभियोग का संबंध किस व्यक्ति से है ?

अधिकरणिक : अभियोग दो प्रकार से होता है।

श्रेष्ठी तथा कायस्थ : कैसे ?

अधिकरणिक : एक वाक्य के अनुसार और दूसरा अर्थ के अनुसार। यदि वाक्य के अनुसार हो, तब वादी और प्रतिवादी की अपेक्षा रहती है। अर्थ के अनुसार हो, तो न्यायाधीश का विवेक ही निर्णय कर सकता है।

श्रेष्ठी तथा कायस्थ : इस अभियोग का संबंध वसंतसेना की माता से है ?

अधिकरणिक : हाँ। शोधनक, जाकर वसंतसेना की माता को बुला लाओ। देखो, वह उद्विग्न न हों।

शोधनक : मैं आदेश का पालन करूँगा।

बाहर जाकर वसंतसेना की माता के साथ आता है।

आइए आर्ये, इधर से आइए।

वृद्धा : मेरी पुत्री अपने मित्र से मिलने के लिए गई है। यह चिरंजीवी कहता है कि न्यायाधीश मुझे बुला रहे हैं। मैं तो मूर्च्छित-सी हुई जा रही हूँ। हृदय काँप रहा है। आर्य, बताइए न्याय-मंडप का मार्ग किधर से है ?

शोधनक : आइए आर्ये, इधर से आइए।

दोनों अंदर आ जाते हैं।

वृद्धा : (पास पहुँचकर) आप सब विद्वत्प्रमुख सुखी रहें !

अधिकरणिक : स्वागत हो, भद्रे ! यह आसन ले लो।

वृद्धा : ले रही हूँ।

बैठ जाती है।

शकार : (व्यंग्यपूर्वक) आ गई तू बुढ़िया ? आ पहुँची ?

अधिकरणिक : तुम वसंतसेना की माता हो ?

वृद्धा : हाँ, आर्य !

अधिकरणिक : वसंतसेना इस समय कहाँ है ?

वृद्धा : एक मित्र के यहाँ गई है।

अधिकरणिक : उस मित्र का नाम ?

वृद्धा : (घबराहट से) न्यायाधीश, आप यह क्यों जानना चाहते हैं ?

अधिकरणिक : संकोच छोड़ दो। तुमसे एक अभियोग के प्रसंग में पूछा जा रहा है।

श्रेष्ठी तथा कायस्थ : अभियोग के प्रसंग में ही पूछा जा रहा है, अन्य किसी अभिप्राय से नहीं। तुम ठीक बात बताओ।।

वृद्धा : अभियोग के प्रसंग में पूछा जा रहा है ? तो बताती हूँ, आर्यमित्र ! वह व्यक्ति है सार्थवाह विनयदत्त का पौत्र, सागरदत्त का पुत्र सुगृहीत नामधेय आर्य चारुदत्त।

शकार : शुना आपने ? यह शब लिख लीजिए। मेरा अभियोग चारुदत्त पर है।

श्रेष्ठी तथा कायस्थ : चारुदत्त उसके मित्र हैं, इसमें कोई दोष नहीं।

अधिकरणिक : इस अभियोग का संबंध आर्य चारुदत्त से भी है ?

श्रेष्ठी तथा कायस्थ : हाँ, प्रतीत तो यही होता है।

अधिकरणिक : धनदत्त, अभियोग के प्रथम चरण में लिखो—'वसंतसेना आर्य चारुदत्त से मिलने गई थी।' अब हमें आर्य चारुदत्त को भी बुलाना होगा ? अथवा अभियोग ही उनकी उपस्थिति की अपेक्षा रखता है। भद्र शोधनक, जाओ जाकर आर्य चारुदत्त को आदरपूर्वक लिवा आओ। देखना, वह उन्मुक्त मन से आएँ, उन्हें किसी प्रकार की घबराहट या उद्विग्नता न हो।

शोधनक : जो आज्ञा।

चला जाता है और चारुदत्त के साथ पुनः आता है।

आर्य, इधर से आएँ।

चारुदत्त : (सोचता हुआ)

मेरे कुल और शील को जानते हुए भी
राजा ने बुला भेजा है।
दरिद्रता की स्थिति में
यह बात हृदय को शंकित करती है।

(विमर्शपूर्वक स्वगत)

किसी से सुनकर
या गुप्तचरों की आँख से देखकर

क्या राजा ने जान लिया है
कि बंधन से भागकर आए आर्यक को
पास आने पर
मैंने अपनी गाड़ी में आगे भेज दिया था ?
अन्यथा आज
क्यों मुझे
यूँ एक अभियुक्त की तरह ले जाया जा रहा है ?

परंतु सोचने में क्या रखा है ? न्याय-मंडप की ओर तो जा ही रहा हूँ। भद्र शोधनक, न्यायालय के मार्ग का निर्देश करो।

शोधनक : इधर से आएँ आर्य !

दोनों घूमते हैं।

चारुदत्त : (शंकित स्वर में) और क्या कारण हो सकता है ?

रूखे स्वर में कौवे की काँय-काँय
और राज्य के अनुचरों का बार-बार बुलाना;
बाईं आँख का रह-रहकर फड़क उठना—
ये सब अपशकुन हृदय को डराते हैं !

शोधनक : आर्य, घबराइए नहीं और उन्मुक्त भाव से चले आइए !

चारुदत्त : (घूमकर और सामने देखकर)

सूखे पेड़ पर बैठा कौआ
सूर्य की ओर मुँह किए
बाईं आँख से
निःसंदेह
मेरी ही ओर ताक रहा है।

(दूसरी ओर देखकर) अरे साँप !

मार्ग में लेटा हुआ कजरारा साँप
मुझ पर दृष्टि गड़ाए,
जीभ लपलपाता हुआ
क्रोध से फुंकार रहा है।
उसकी चारों ओर सफ़ेद दाढ़ें चमक रही हैं
और बल खाया हुआ शरीर
हवा से फूल रहा है।

एवं

फिसलन नहीं है
फिर भी पैर धरती पर डगमगा जाते हैं।
बाईं आँख फड़क रही है
और बाईं भुजा काँप रही है।
दूर कोई पक्षी बार-बार रो उठता है।
ये सब
निःसंदेह,
भयानक मृत्यु की पूर्व सूचनाएँ हैं।
देवता कुशल करें।

शोधनक : आइए आर्य ! यह न्याय-मंडप है, प्रवेश कीजिए।

चारुदत्त : (अंदर जाकर तथा चारों ओर देखकर)

समुद्र है यह न्यायालय
जिसका नीति का तट टूट गया है।
चिंतालीन मंत्री इसका जल हैं
और लहरों पर तैरते हुए शंख हैं राजदूत।
सीमास्थित गुप्तचर ग्राह और मत्स्य हैं
और हाथी तथा घोड़े, अन्यान्य हिंस्र जीव।
वादी-प्रतिवादी लड़ते हुए कंक पक्षी हैं
और लिपिकार कायस्थ—लहराते हुए साँप।

अच्छा !

प्रवेश करते हुए सिर पर चोट आ जाने से विमर्शपूर्वक।

लो !

बाईं आँख फड़क रही है
और कौवा रो रहा है।
साँप मेरा मार्ग रोके है;
आज देवता कुशल करें।
तो अंदर चलूँ।

न्याय-मंडप में आ जाता है।

अधिकरणिक : तो ये हैं चारुदत्त !

ऊँची नासिका

और कानों तक फैली हुई बड़ी-बड़ी आँखें।
निःसंदेह यह व्यक्ति अकारण अपराध का भागी
नहीं हो सकता
हाथी, घोड़ा, गौ और मनुष्य–
सबका आचरण
अपने आकार के अनुरूप ही होता है।

चारुदत्त : अधिकारीगण, आप सब स्वस्थ तो हैं ? सेवकवृंद, आप सब भी कुशलपूर्वक हैं न ?

अधिकरणिक : (संभ्रमपूर्वक) स्वागत है, आर्य ! शोधनक, आर्य को आसन दो।

शोधनक : (आसन लाकर) यह रहा आसन ! आर्य इस पर बैठें।

चारुदत्त बैठ जाता है।

शकार : (क्रोधपूर्वक) आ गए तुम श्त्रीघाती, आ पहुँचे तुम ? कैशा व्यवहार है न्याय का ! कैशा धर्मशंगत व्यवहार है कि श्त्रीघाती को आशन दिया जा रहा है ! (गर्वित स्वर में) दीजिए, हमें क्या है ?

अधिकरणिक : आर्य चारुदत्त, यह सच है कि इन आर्या की पुत्री आपसे मिलने के लिए गई थी ?

चारुदत्त : किनकी पुत्री ?

अधिकरणिक : इनकी।

वसंतसेना की माता की ओर संकेत करता है।

चारुदत्त : (उठकर) अभिवादन करता हूँ, आर्ये !

वृद्धा : चिरकाल तक जियो बेटा ! (स्वगत) तो यह है चारुदत्त !

अधिकरणिक : आर्य, वसंतसेना क्या तुम्हारी मित्र है ?

चारुदत्त शकार को देखकर उत्तर नहीं देता।

शकार :
लज्जा और भीरुता के वश में पड़कर
अपनी करनी पर आवरण डालना चाहते हो ?
यह मनुष्यता नहीं
कि धन के कारण श्त्री की हत्या करके
व्यक्ति उश पाप को छिपाने की चेष्टा करे !

श्रेष्ठी तथा कायस्थ : उत्तर दीजिए आर्य चारुदत्त ! यह अभियोग का प्रसंग है, यहाँ मौन से काम नहीं चलेगा।

चारुदत्त : (लज्जित स्वर में) अधिकारीगण, मैं कैसे कहूँ कि वसंतसेना मेरी मित्र नहीं है ? लेकिन यह अपराध है क्या ?

अधिकरणिक :

तुम लज्जा छोड़ो और सच-सच बात बताओ।
इस अभियोग में कई-कई तरह के विघ्न आ सकते हैं।
धैर्य रखते हुए चुप रहना ठीक नहीं,
तनिक भी लुकाव-छिपाव घातक हो सकता है।

तुमसे अभियोग के प्रसंग में पूछा जा रहा है, अतः निःसंकोच बात करो।

चारुदत्त : आर्य, मुझ पर अभियोग कौन लगा रहा है ?

शकार : (गर्वित स्वर में) मैं लगा रहा हूँ अभियोग !

चारुदत्त : तुम्हारी ओर से मेरे ऊपर अभियोग—यह कल्पना भी असह्य है।

शकार : क्योंकि श्त्रीघाती, शौ-शौ रत्नाभूषणों शे शजी हुई वशंतशेना की हत्या करके अब छल-कपट शे उशे छिपाना चाहते हो ?

चारुदत्त : क्या बक-झक कर रहे हो तुम ?

अधिकरणिक : आर्य चारुदत्त, इन बातों को छोड़कर सच बात बताइए। क्या वसंतसेना से आपकी मित्रता है ?

चारुदत्त : जी हाँ, है।

अधिकरणिक : इस समय वसंतसेना कहाँ है ?

चारुदत्त : अपने घर गई है।

श्रेष्ठी तथा कायस्थ : कैसे गई है ? कब गई है ? उसके साथ कौन था ?

चारुदत्त : (स्वगत) कह दूँ कि छिपकर गई है ?

श्रेष्ठी तथा कायस्थ : बताइए आर्य !

चारुदत्त : कह चुका हूँ कि अपने घर गई है। और मैं क्यों बताऊँ ?

शकार : तुमने उशे मेरे जीर्ण पुष्पकरंडक उद्यान में लाकर हाथों शे

गला दबाकर उसकी हत्या की है। अब यहाँ कह रहे हो कि वह अपने घर गई है ?

चारुदत्त : अरे झक्की !

आकाश में मेघ जल से धुलकर
नीलकंठ के पंखों की तरह तुम्हारा मुख मलिन नहीं हुआ,
फिर भी
हेमंत के कमल की तरह उसका रंग जो फीका पड़ गया है,
उसका कारण क्या तुम्हारा झूठ ही नहीं है ?

अधिकरणिक : (अलग से)

चारुदत्त को दोषी ठहराना
हिमालय को तौलना है
समुद्र को लाँघना है
और वायु को बाँधना है !

(प्रकट) आर्य चारुदत्त के हाथों ऐसा अनर्थ कयोंकर हो सकता है ?

'ऊँची नासिका' इत्यादि दोहराता है।

शकार : तो क्या इश अभियोग में पक्षपात किया जा रहा है ?

अधिकरणिक : हट जाओ मूर्ख !

अधम होकर तुम वेदों के अर्थ की बात करते हो,
और तुम्हारी जीभ नहीं गिरती !
मध्याह्न में सूर्य की ओर देखते हो,
और तुम्हारी आँख को कुछ नहीं होता !
जलती हुई आग में हाथ डालते हो
फिर भी उसके दाह का अनुभव नहीं करते !
चारुदत्त के चरित्र को लांछित करते हो,
और धरती तुम्हें निगल नहीं लेती !

आर्य चारुदत्त ऐसा अनर्थ कार्य कैसे कर सकते हैं ?

याचकों को जिसने इतने रत्न दिए हैं
कि समुद्र की महिमा केवल जल-विस्तार के कारण ही शेष है,

वह महान व्यक्ति, पुण्यों का एकमात्र आधार,
धन के लिए क्या ऐसा कार्य करेगा जो उसके शत्रु भी नहीं कर सकते ?

शकार : मैं पूछता हूँ कि अभियोग में क्या पक्षपात किया जा रहा है ?

वृद्धा : धरोहर का स्वर्णपात्र रात को चोरों के चुरा लेने पर जिसने उसके स्थान पर चार समुद्रों की सार रत्नावली भेज दी थी, वही व्यक्ति तुच्छ धन के लिए आज यह अनर्थ करे, यह संभव है ? कहाँ हो तुम बेटी ? हाय, मेरे पास तो आओ !

रोने लगती है।

अधिकरणिक : अच्छा आर्य चारुदत्त, वह आपके यहाँ से चलकर गई थी या गाड़ी में।

क्रोधपूर्ण मुद्रा में वीरक का प्रवेश।

वीरक :
चंदनक के पदाघात से विमानित होकर
मेरे हृदय में शत्रुता की आग धधक उठी है।
उससे प्रतिशोध लेने की बात सोचते हुए
रात को मैंने प्रभात कर दिया है।

तो न्याय-मंडप में चलूँ।

अंदर जाकर और दायाँ हाथ फैलाकर

आर्यमिश्र सुखी रहें।

अधिकरणिक : नगर रक्षाधिकृत वीरक ! कैसे आए हो वीरक ?

वीरक : सुनिए आर्य ! जिस समय आर्यक बंधन तोड़कर निकल भागे थे, उस समय खलबली में उन्हें खोजते हुए हमने एक ढकी हुई गाड़ी को जाते हुए देखा था। मैं उसे देखकर सोच में पड़ गया था। मैंने सेनापति चंदनक से कहा कि उसने गाड़ी को देख लिया है, फिर भी मैं एक बार उसे देखना चाहूँगा। मेरे यह कहने पर सेनापति चंदनक ने मुझे पैर से ठोकर मारी। इसका विचार अब आपके हाथ में है।

अधिकरणिक : तुम्हें यह पता है, वह किसकी गाड़ी थी ?

वीरक : गाड़ी आर्य चारुदत्त की थी। गाड़ीवान कह रहा था कि

गाड़ी में वसंतसेना बैठी है और जीर्ण पुष्पकरंडक उद्यान की ओर जा रही है।

शकार : शुन लिया आर्यमिश्रों ने !

अधिकरणिक :

निर्मल चाँदनी बिखराता हुआ चाँद
राहु के ग्रास में चला जाएगा !
जल का शांत विस्तार
तट के गिरने से आज गँदला हो जाएगा।

वीरक, तुम्हारा न्याय हम बाद में करेंगे। न्यायालय के द्वार पर जो अश्व खड़ा है, उस पर बैठकर तुम जीर्ण पुष्पकरंडक उद्यान तक चले जाओ और देख आओ कि क्या वहाँ किसी स्त्री का मृत शरीर पड़ा है ?

वीरक : जैसी आज्ञा। (जाकर और लौटकर) मैं वहाँ हो आया हूँ, आर्य ! वहाँ हिंस्र जीव एक स्त्री के शरीर को खा रहे हैं।

श्रेष्ठी तथा कायस्थ : यह तुम्हें कैसे पता चला कि वह स्त्री का शरीर है ?

वीरक : केशों तथा हाथ-पैरों के जो भाग बचे थे, उनसे।

अधिकरणिक : एक लौकिक अभियोग में कैसी-कैसी उलझनें पैदा हो जाती हैं !

ज्यों-ज्यों विचार करता हूँ,
संकट और बढ़ता जाता है।
प्रमाणों के अनुसार अभियोग सिद्ध हो रहा है
और मेरी बुद्धि
कीचड़ में फँसी गौ की तरह
नीचे-नीचे धँसती जा रही है।

चारुदत्त : (स्वगत)

फूल के खिलते ही
सौ-सौ भौंरे रसपान के लिए उस पर टूट पड़ते हैं।
विपत्ति के उठते ही
एक-एक छिद्र में सौ-सौ अनर्थ होने लगते हैं।

अधिकरणिक : आर्य चारुदत्त, सच बात बताओ।

चारुदत्त :

कोई दुरात्मा और गुणों के प्रति ईर्ष्यालु व्यक्ति
रागांध होकर किसी के विनाश की कामना से,

अपने जाति-स्वभाव के कारण जो कुछ भी झूठ कह देगा,

वह सभी कुछ मान्य होगा ? उस पर विचार नहीं किया जाएगा ?

और–

फूल लेने के लिए
जिसने कभी खिली हुई लता तक को नहीं छेड़ा,
वही मैं
एक रोती हुई नारी के
भौरे के पंखों-जैसे लंबे और काले केश पकड़कर खींचूँगा,
और उसकी हत्या करूँगा ?

शकार : न्यायाधिकरण ! आप क्या अभियोग में पक्षपात करते ही जाएँगे ? आपने अभी तक इश दुरात्मा चारुदत्त को आशन पर क्यों बिठा रखा है ?

अधिकरणिक : शोधनक, इन्हें आसन से उठा दो।

शोधनक तदुनसार कार्य करता है।

चारुदत्त : आप ठीक से विचार करें न्यायाधिकृत ! सबकुछ देख-समझकर विचार करें।

आसन से उठकर नीचे बैठ जाता है।

शकार : (हर्ष से नाचता हुआ स्वगत)
हा-हा-हा ! डाल दिया अपना पाप दूसरे के शिर पर ! जहाँ चारुदत्त बैठा था, वहीं पर मैं भी बैठूँगा। (वैसा करके) देखो चारुदत्त, मेरी ओर देखो और कह दो कि वशंतशेना को तुमने मारा है।

चारुदत्त : न्यायाधिकृत !

'कोई दुरात्मा' इत्यादि दोहराता है।
तदनुसार निःश्वास के साथ :

मित्र मैत्रेय,
मुझे क्यों आज यह अपमृत्यु मिल रही है ?
धूते,
क्या यही दिन देखने के लिए

तुमने ब्राह्मणों के उज्ज्वल वेश में जन्म लिया था ?
पुत्र रोहसेन,
क्या तुम भी मेरी विपत्ति को नहीं देख रहे ?
खेल में शत्रुओं को हराकर
तुम प्रतिदिन झूठा ही मनोरंजन किया करते हो !

मैत्रेय को मैंने वसंतसेना के पास भेजा था कि जाकर उसका समाचार पूछ आए तथा उसने बच्चे को गाड़ी के लिए जो आभूषण दिए थे, उन्हें लौटा आए। न जाने वह लौटने में इतना विलंब क्यों कर रहा है !

आभूषण लिये हुए विदूषक का प्रवेश।

विदूषक : आर्य चारुदत्त ने ये आभूषण देकर मुझे वसंतसेना के पास भेजा है। कहा है कि मैत्रेय, वसंतसेना ने वत्स रोहसेन को अपने आभूषणों से सजाकर उसकी माँ के पास भेज दिया था; परंतु हमें उससे आभूषण लेने नहीं चाहिए, उसे देने चाहिए। अतः जाकर इन्हें लौटा आओ। तो अब वसंतसेना के पास चलूँ। (घूमकर और आकाश की ओर देखकर) अरे ! तुम तो भावरेभिल ! क्या बात है भावरेभिल ? उद्विग्न-से क्यों लगते हो ? (सुनकर) क्या कहा ? प्रिय मित्र चारुदत्त को न्याय-मंडप में बुलाया गया है ? तब तो कोई असाधारण ही बात होगी। (सोचकर) वसंतसेना के पास बाद में जाऊँगा। पहले न्याय-मंडप की ओर चलूँ। (घूमकर और देखकर) यह रहा न्याय-मंडप ! अब अंदर चलूँ। (अंदर जाकर) न्यायाधिकृत सुखी रहें ! मेरा प्रिय मित्र कहाँ है ?

अधिकरणिक : ये बैठे हैं।

विदूषक : मित्र, कल्याण हो !

चारुदत्त : हाँ, कल्याण ही होगा।

विदूषक : कुशल तो है ?

चारुदत्त : हाँ, कुशल भी होगी।

विदूषक : क्यों, उद्विग्न क्यों हो ? तुम्हें यहाँ क्यों बुलाया गया है ?

चारुदत्त : मित्र,
मैं वह नृशंस हूँ

जिसने परलोक भूलकर
उस नारी को
जो साक्षात् देवी के समान थी...
शेष यह व्यक्ति ही कहेगा।

विदूषक : क्या ?

चारुदत्त : (कान में) बात यह है कि...

विदूषक : किसने ऐसा अभियोग लगाया है ?

चारुदत्त : (शकार की ओर संकेत करके)
यह बेचारा तो उसका कारण ही बना है। वास्तव में अभियोग तो मेरे ऊपर भाग्य ने ही लगाया है।

विदूषक : (अलग से) कह क्यों नहीं देते कि वह अपने घर गई है।

चारुदत्त : स्थिति मेरे अनुकूल नहीं है, इसलिए कहने से भी कोई नहीं मानता।

विदूषक : आर्यगण, जिस व्यक्ति ने धर्मशाला, विहार, उद्यान, मंदिर, सरोवर, कूप तथा यज्ञस्तंभ आदि के निर्माण में नगरी उज्जयिनी को अलंकृत किया है, वह आज निर्धन है, इसलिए तुच्छ धन के लिए ऐसा दुष्कर्म करेगा ? काणेलीपुत्र, राजा के साले, उच्छृंखल संस्थानक ! सौ-सौ पाप कमानेवाले भाँड ! सोने में मढ़े हुए बंदर ! तू कह तो मेरे सामने कि मेरा यह मित्र, जो फूल चुनने कि लिए खिली हुई माधवीलता तक को इसलिए नहीं छेड़ता कि उसके पत्ते न टूट जाएँ, वह लोक और परलोक के प्रतिकूल ऐसा कार्य कर सकता है ? तू ठहर धूर्त-पुत्र ! अभी तेरे हृदय की तरह टेढ़ी इस लाठी से तेरे सिर के सौ टुकड़े करता हूँ।

शकार : (क्रोधपूर्वक) आर्यमिश्र, शुन रहे हैं आप ? मेरा विवाद या अभियोग चारुदत्त के शाथ चल रहा है। यह कौवे के पैर-जैशे शिर-मश्तक वाला मेरे शिर के शौ टुकड़े किशलिए करेगा ? दाशी के पुत्र दुष्ट ब्राह्मण, कहीं तू ऐशा न कर बैठना, हाँ, नहीं तो...!

विदूषक लाठी उठाकर अपनी बात फिर दोहराता है। शकार क्रोधपूर्वक उठकर

उसे मारने दौड़ता है। विदूषक भी उसे मारने लगता है। इस मार-पीट में विदूषक की काँख से आभूषण गिर पड़ते हैं। शकार आभूषणों को उठाकर देखता है। फिर जैसे आतंकित-से-स्वर में।

देखिए, देखिए आर्यमिश्र ! ये रहे उश बेचारी के आभूषण। (चारुदत्त की ओर देखकर) इशी तुच्छ धन के लिए इशने उशे मारा है और उशकी हत्या की है।

सब अधिकारी सिर झुका लेते हैं।

चारुदत्त : (अलग से)

विपरीत भाग्य से
ऐसे समय
इन आभूषणों का गिरना
हमें और भी गिरा देगा।

विदूषक : मित्र, तुम सच बात क्यों नहीं बता देते ?

चारुदत्त : मित्र,

राजा के दुर्बल नेत्र
पदार्थ को नहीं देखते।
यहाँ कुछ भी कहना
केवल दीनता प्रकट करना है
और अपनी मृत्यु को शोचनीय बनाना है।

अधिकरणिक : कितने कष्ट का विषय है !

विरोधी मंगल के सामने
बृहस्पति के क्षीण होने पर
धूमकेतु की तरह
यह एक और ग्रह उदित हो गया है।

श्रेष्ठी तथा कायस्थ : (आभूषणों को देखकर वसंतसेना की माता के प्रति) आप ध्यान से सोने के आभूषणों को देखें कि क्या ये आपके ही हैं ?

वृद्धा : (देखकर) वैसे ही हैं, परंतु वे नहीं हैं।

शकार : वाह री बुढ़िया ! आँखें जो कह रही हैं, उशे मुँह शे झुठला रही है !

वृद्धा : दूर रह अभागे !

श्रेष्ठी तथा कायस्थ : ठीक-ठीक बताओ कि ये वही हैं या नहीं ?

वृद्धा : आर्यगण, मैं इनके शिल्प-कौशल के कारण ही इनकी ओर देख रही हूँ। ये वे आभूषण नहीं हैं।

अधिकरणिक : भद्रे, ठीक बताओ कि क्या तुम इन आभूषणों को पहचानती हो ?

वृद्धा : मैं कह रही हूँ कि देखने में ये मेरे लिए अपरिचित नहीं हैं—किसी शिल्पी ने वैसे ही और बना दिए होंगे।

अधिकरणिक : देखो श्रेष्ठी,

हाथ के बने आभूषणों के निर्माण को देखकर
वैसे ही निर्माण की कल्पना की जा सकती है।
शिल्पियों का हस्तकौशल, कितनी ही बार,
रूप के अनुसार रूप की रचना कर लेता है।

श्रेष्ठी तथा कायस्थ : तो ये आभूषण आर्य चारुदत्त के हैं ?

चारुदत्त : नहीं मेरे नहीं हैं।

श्रेष्ठी तथा कायस्थ : तो किसके हैं ?

चारुदत्त : इनकी पुत्री के।

श्रेष्ठी तथा कायस्थ : तो ये उसके शरीर से उतरे कैसे हैं ?

चारुदत्त : ऐसे ही उतर गए...बस यूँ ही।

श्रेष्ठी तथा कायस्थ : आर्य चारुदत्त, यहाँ आपको सच बात ही बतानी होगी। आप इन्हें फिर से देख लीजिए।

सुख सत्य से मिलता है—
सत्यवादी कभी पातकी नहीं होता।
सत्य शब्द में केवल दो ही अक्षर हैं—
झूठ से सत्य को छिपाने का प्रयत्न निष्फल है।

चारुदत्त : ये आभूषण हैं या क्या हैं, मैं नहीं जानता। इतना जानता हूँ कि ये मेरे घर से ही लाए गए हैं।

शकार : पहले उद्यान में ले जाकर उशकी हत्या कर दी। अब छल-कपट शे उश बात को छिपाने की चेष्टा कर रहे हो ?

अधिकरणिक : आर्य चारुदत्त, सच बात बताओ।

तुम्हारे कोमल शरीर पर
अब कठोर कशाघात होंगे।
उन प्रहारों को देखकर
हमारी कामनाएँ तड़प जाएँगी।

चारुदत्त : एक निष्पाप कुल में जन्म लेकर
यह संभव नहीं कि मैं पाप करूँ।
और यदि यह संभव माना जा सकता है,
तो मेरा निष्पाप होना निरर्थक है।

(स्वगत) वसंतसेने, यह सब क्या हुआ ? तुम कहाँ हो ?
(प्रकट) देखिए, मैं अधिक क्या कहूँ।

मैं वह नृशंस हूँ
जिसने दोनों लोकों को भूलकर
उस नारी को
जो साक्षात् देवी के समान थी—
शेष यह व्यक्ति ही कह सकेगा।

शकार : जान शे मार दिया ? अरे कहो न—मैंने उशे जान शे मार दिया।

चारुदत्त : तुमने कह तो दिया है।

शकार : शुन रहे हैं भट्टारक ? इशने उशे मारा है और इशी ने शंशय भी दूर कर दिया है। इश निर्धन चारुदत्त को प्राणदंड मिलना चाहिए।

अधिकरणिक : शोधनक राजश्यालक ने ठीक कहा है। राजपुरुषो, चारुदत्त को पकड़ लो।

राजपुरुष चारुदत्त को पकड़ लेते हैं।

वृद्धा : दया करें आर्यमिश्र ! यदि मेरी बेटी सचमुच चल बसी है, तो भी ठीक है; यदि जीवित है, तो मेरी आयु भी

उसे लगे। अभियोग वादी और प्रतिवादी के बीच होता है। यहाँ वादी मैं हूँ। मैं कहती हूँ कि इन्हें छोड़ दिया जाए।

शकार : हट जा दाशों की दाशी ! जा, तुझे इशशे क्या है ?

अधिकरणिक : तुम जाओ आर्ये ! राजपुरुषो, इस व्यक्ति को ले जाओ।

वृद्धा : हा वत्स ! हा पुत्र !

रोती हुई चली जाती है।

शकार : (स्वगत) मैंने इशशे जो कहना था कह दिया। अब चलूँ।

चला जाता है।

अधिकरणिक : आर्य चारुदत्त, निर्णय हम करते हैं, शेष राजा के हाथ में है। शोधनक, राजा पालक से यह कह देना कि

यह व्यक्ति पातकी है–
परंतु मनु के अनुसार
ब्राह्मण को मृत्युदंड नहीं दिया जा सकता।
अतः
धन-वैभव के साथ
इसे इस राज्य से
निर्वासित करने का आदेश दिया जाए।

शोधनक : जो आज्ञा। (जाकर और लौटकर अश्रुपूर्ण स्वर में) आर्य, मैं राजा के पास हो आया हूँ। राजा पालक ने कहा है जिस व्यक्ति ने तुच्छ धन के लिए वसंतसेना की हत्या की है, उसे वही आभूषण गले में बाँधकर, डौंडी पिटवाते हुए दक्षिण श्मशान में ले जाकर सूली पर चढ़ा दिया जाए, जिससे आगे के लिए ऐसा कार्य करनेवालों को इस अपमानपूर्ण दंड से शिक्षा प्राप्त हो।

चारुदत्त : बहुत विवेकहीन है राजा पालक !

मंत्रियों के परामर्श से
ऐसे व्यवहार की आग में पड़कर
राजाओं की अवस्था का शोचनीय हो जाना
तनिक भी अस्वाभाविक नहीं।

एवं

राजशासन के कलंक
ऐसे ही सफ़ेद कौवे
अनेक निर्दोष व्यक्तियों की हत्या के कारण
बनते रहे हैं और बनते रहेंगे।

मित्र मैत्रेय, मेरी ओर से माँ को प्रणाम कर दिया करना। रोहसेन की पालना भी अब तुम्हीं को करनी होगी।

विदूषक : जड़ के उखड़ जाने पर वृक्ष की पालना कैसे हो सकती है ?

चारुदत्त : ऐसा मत कहो मित्र !

व्यक्ति के परलोक चले जाने पर
उसके शरीर का दूसरा रूप
उसका पुत्र ही होता है।
मेरे प्रति अपना स्नेह
अब तुम रोहसेन को दिया करना।

विदूषक : मैं तुम्हारा मित्र हूँ, तो क्या तुम्हारे चले जाने के बाद मैं जीवित रहूँगा ?

चारुदत्त : देखो, एक बार रोहसेन से मिला दो।

विदूषक : अवश्य।

अधिकरणिक : शोधनक, इस ब्राह्मण को यहाँ से हटा दों

शोधनक मैत्रेय को हटाता है।

अधिकरणिक : कौन है यहाँ ! चांडालों को जाकर आदेश दो !

चारुदत्त को छोड़कर सब राजपुरुष वहाँ से चले जाते हैं।

शोधनक : आप इधर से आएँ, आर्य !

चारुदत्त करुण स्वर में 'मित्र मैत्रेय' इत्यादि दोहराता है।

चारुदत्त : (आकाश की ओर देखकर)

विनय करने पर भी
कि विष, जल, तुला या अग्नि से मेरी परीक्षा ली जाए,
निर्णय यही हुआ है

कि मेरे शरीर को आरे से चीर दिया जाए।
शत्रु के कहने से
मुझ ब्राह्मण की हत्या का आदेश देनेवाले,
पुत्रों और पौत्रों के साथ
तुझे नरक में ही वास मिलेगा।
लो, मैं चल रहा हूँ।

प्रस्थान

व्यवहार नामक नौवाँ अंक।

अंक : दस

दो चांडालों के साथ चारुदत्त का प्रवेश।

दोनों चांडाल : कारण का अनुमान क्या आप नहीं लगा सकते ?
वध और बंधन के कार्य में दक्ष
हम दोनों
सिर काटने और सूली पर चढ़ाने की कला में कुशल
हैं।

हट जाइए सज्जनो, मार्ग से हट जाइए ! ये हैं आर्य चारुदत्त !

कनैल की माला पहने
और हम वधिकों द्वारा जकड़े हुए ये
स्नेहहीन दीपक की तरह
धीरे-धीरे क्षीण होते जा रहे हैं।

चारुदत्त : (विषादपूर्वक)
कर्कश काँय-काँय करते हुए काग
सोच रहे हैं
कि अश्रुजल से गीले और धूल के कारण रूखे
श्मशान के फूलों से ढके हुए तथा रक्त-चंदन से
अनुलिप्त
मेरे इस शरीर का
वे बलिभोग लगाएँगे।

चांडाल : हट जाइए सज्जनो, हट जाइए !
क्या देख रहे हैं आप लोग ?
यह व्यक्ति वह वृक्ष है
जिस पर पक्षियों की तरह
साधु पुरुष आश्रय लिया करते थे।

आज काल का कुठार लेकर
हम इस वृक्ष को काटने जा रहे हैं।
चले आओ चारुदत्त, चले आओ।

चारुदत्त : व्यक्ति का भाग्य कब क्या होगा, यह कहना असंभव है।
आज मैं किस दशा में पहुँच गया हूँ !
सारे शरीर पर
रक्त-चंदन की छाप देकर
पिसे हुए तिल-तंडुल डाल दिए गए हैं
और मुझे पुरुष से पशु बना दिया गया है।
(सामने देखकर) कितने लोग है यहाँ ! (करुण स्वर में)
मेरा अंत पास आया देखकर
मुझे बचाने में असमर्थ
पुर के निवासी
मनुष्य-जीवन को धिक्कारते हुए
अश्रुपूर्ण नेत्रों से
मेरे स्वर्ग जाने की कामना कर रहे हैं।

चांडाल : हट जाइए सज्जनो, हट जाइए। आप लोग क्या देख रहे हैं ?
इंद्रध्वज का विसर्जन,
गौ का प्रसव,
तारे का टूटना
और सत्पुरुष का विनाश
इन चारों को नहीं देखना चाहिए।

एक चांडाल : देखो-देखो...आहीन्त,
दैव के निर्देश से
नगरी के इस प्रधान पुरुष की हत्या के समय
यह आकाश रो रहा है
या बिना मेघ के वज्रपात हो रहा है ?

दूसरा चांडाल : देखो गोह,
यह आकाश नहीं रो रहा,
और न ही बिना मेघ के वज्रपात हो रहा है।
मेघ की तरह उमड़कर आती हुई

नगर की नारियाँ
अपनी आँखों से अश्रुधाराएँ बहा रही हैं।
एवं
इन्हें वध-स्थान की ओर ले जाया जा रहा है,
इसलिए
सब लोगों के रोने से
गलियाँ आँसुओं से भीग गई हैं।
और धूल ऊपर नहीं उठ पाती।

चारुदत्त : (देखकर करुण स्वर में)
हर्म्यतल पर बैठी हुई स्त्रियाँ
आधे-आधे वातायन से सिर निकालकर
शोक से चारुदत्त का नाम लेती हुई,
आँसुओं के पनाले बहा रही हैं !

दोनों चांडाल : चले आओ चारुदत्त ! यह घोषणा-स्थान आ गया। यहाँ डौंडी पीटें और घोषणा करें।

सुनिए सज्जनो ! यह सार्थवाह विनयदत्त का पौत्र तथा सागरदत्त का पुत्र चारुदत्त है। इस दुष्ट ने तुच्छ धन के लिए वसंतसेना को जीर्ण पुष्पकरंडक उद्यान में ले जाकर तथा गला दबाकर उसकी हत्या की है। इसे चोरी के धन के साथ पकड़ा गया है और इसने अपना अपराध स्वीकार कर लिया है। राजा पालक ने हमें इसका वध करने की आज्ञा दी है। और भी कोई यदि ऐसा कार्य करेगा, तो राजा पालक उसे यही दंड देंगे।

चारुदत्त : (निर्वेदपूर्वक स्वगत)
सौ-सौ यज्ञ करने के कारण
भरी हुई यज्ञशालाओं में
ब्रह्म घोष द्वारा
जिस वंश की कीर्ति का बखान किया जाता था,
आज मेरी मृत्यु से पूर्व
उसी वंश के नाम की घोषणा
इन अनधिकारी पापियों द्वारा की जा रही है।
(ऊपर की ओर देखकर तथा कानों पर हाथ रखकर)

वसंतसेने !

तुम भी क्या स्वर्ग से मेरी अपकीर्ति की दर्शिका हो ?

दोनों चांडाल : हट जाइए सज्जनो, हट जाइए !

गुणों और रत्नों का आकर
और दुःख की नदी को लाँघने में सज्जनो का सेतु।
आभूषणों से हीन होकर आज
नगरी से बाहर ले जाया जा रहा है।

और

सुखी व्यक्ति के लिए संसार में
सभी चिंतातुर हो उठते हैं।
विपत्ति में व्यक्ति का हितचिंतक
कोई विरला ही होता है।

चारुदत्त : (चारों ओर देखकर)

मित्र भी आज मुँह ढककर
मुझसे दूर हुए जा रहे हैं !
अनुकूल परिस्थिति में तो पराए भी अपने हो जाते हैं,
परंतु प्रतिकूल परिस्थिति अपने भी पास नहीं रहते।

दोनों चांडाल : लोगों को हटा दिया है। राजपथ अब सुनसान है। बध्यचिह्नों के साथ इसे अब आगे ले चलें।

चारुदत्त निःश्वास के साथ 'मित्र मैत्रेय' आदि दोहराता है।

नेपथ्य में : हाय तात ! हाय प्रिय मित्र !

चारुदत्त : (सुनकर करुण स्वर में) चांडाल-श्रेष्ठ, मेरी तुमसे एक ही याचना है।

दोनों चांडाल : हम चांडालों के हाथ से दान लेना चाहते हैं ?

चारुदत्त : ऐसा न कहो। दुष्ट और अविचारी पालक-जैसा चांडाल यहाँ कोई नहीं है। मैं अपने परलोक के विचार से मृत्यु से पहले पुत्र का मुख देखना चाहता हूँ।

दोनों चांडाल : इसमें कोई बाधा नहीं है।

नेपथ्य में : हाय तात ! हाय पिता !

चारुदत्त सुनकर पुनः 'चांडाल श्रेष्ठ'

इत्यादि दोहराता है।

दोनों चांडाल : सुनिए पुरवासियो, क्षण-भर के लिए सामने से हट जाइए ! आर्य चारुदत्त को अपने पुत्र का मुख देख लेने दीजिए। (नेपथ्य की ओर देखकर) आओ बेटे, आओ इधर। हाँ-हाँ, आ जाओ।

रोहसेन को लिये हुए विदूषक का प्रवेश।

विदूषक : जल्दी-जल्दी चल सलोने, तेरे पिता को वे लोग मारने के लिए लिये जा रहे हैं।

रोहसेन : हाय तात ! हाय पिता !

विदूषक : हाय प्रिय मित्र, तुम्हें मैं किस दशा में देख रहा हूँ !

चारुदत्त : (पुत्र और मैत्रेय को देखकर)

परलोक में चिरकाल तक
मैं प्यासा रह जाऊँगा।
पितृ-जल का यह तर्प
मेरे लिए पर्याप्त नहीं।

पुत्र को क्या दूँ ? (अपने को देखने पर यज्ञोपवीत पर दृष्टि पड़ने से) कुछ तो है जो अपना है।

ब्राह्मण का यह आभूषण
सोने और मोतियों से नहीं बना,
परंतु पितरों और देवताओं का ऋण
इसी से चुकाया जा सकता है।

यज्ञोपवीत रोहसेन को दे देता है।

पहला चांडाल : चलो चारुदत्त, अब आगे चलो।

दूसरा चांडाल : अरे आर्य चारुदत्त का नाम तुम बिना उपाधि के ही ले रहे हो ? देखो

अभ्युदय हो या अवसान,
रात हो या दिन,
नियति की जीत
किसी उच्छृंखल की तरह
सदा स्वच्छंद रहती है।

और

झूठा लांछन लगा होने पर भी

यह नाम
क्या प्रणत होकर मस्तक पर धारण करने योग्य नहीं ?
राहु से ग्रस्त होकर भी चंद्रमा
क्या लोक के लिए वंदनीय नहीं होता ?

रोहसेन : चांडालो, मेरे पिता को तुम कहाँ ले जा रहे हो ?

चारुदत्त : वत्स !
गले में कनैल की माला,
कंधे पर सूली, और हृदय में शोक लिये,
यज्ञ के छाग की तरह,
प्रहार सहने के लिए
मैं बध्यभूमि की ओर जा रहा हूँ।

पहला चांडाल : बेटे !
चांडाल कुल में उत्पन्न होकर भी
हम लोग चांडाल नहीं हैं।
चांडाल वे पापी हैं
जो सज्जनों को पीड़ा देते हैं।

रोहसेन : तो मेरे पिता को तुम लोग मारने क्यों जा रहे हो ?

पहला चांडाल : चिरंजीव, यह अपराध राजा की आज्ञा का है, हम लोगों का नहीं।

रोहसेन : तुम लोग मुझे मार दो, उन्हें छोड़ दो।

पहला चांडाल : तुम ऐसी बात कह रहे हो चिरंजीव, तो तुम्हारी आयु बहुत लंबी होगी।

चारुदत्त : (आँख भर आने से पुत्र को गले लगाकर)
यह स्नेह-संपत्ति
धनिक और निर्धन दोनों के लिए समान है।
यह खस और चंदन नहीं,
फिर भी एक ऐसा लेप है
जो हृदय को शीतल करता है।

'गले में कनैल की माला, कंधे पर सूली' इत्यादि दोहराता है। फिर चारों ओर देखकर स्वगत रूप से 'मित्र भी आज

मुँह ढककर' इत्यादि दोहराता है।

विदूषक : देखो भाइयो, तुम मेरे मित्र को छोड़ दो और मेरे प्राण ले लो।

चारुदत्त : ऐसा न कहो मित्र ! (देखकर स्वगत) आज सब समझ में आ रहा है।

स्वगत रूप से 'अनुकूल परिस्थिति में तो पराए भी' इत्यादि दोहराता है। फिर प्रकट रूप से 'हर्म्य तल पर बैठी स्त्रियाँ' इत्यादि दोहराता है।

पहला चांडाल : हट जाइए सज्जनो, हट जाइए
इस व्यक्ति को आप क्या देख रहे हैं ?
अपयश के कारण
जीवन की आशा समाप्त हो जाने से
आज इसकी स्थिति
उस स्वर्णपात्र की-सी है
जो रस्सी छूट जाने से
कुएँ के अंदर गिर रहा हो।

चारुदत्त करुण स्वर में 'चंद्रकिरण के समान' इत्यादि दोहराता है।

दूसरा चांडाल : आओ अब फिर घोषणा करें।

दोनों चांडाल पुनः घोषणा करते हैं।

चारुदत्त : विपत्ति ने मुझे जिस हीन दशा में ला दिया है,
इसका फल मृत्यु के रूप में मिले,
इसका मुझे दुःख नहीं।
परंतु मैंने उसकी हत्या की है, साथ में यह घोषणा भी सुनूँ,
हृदय को केवल यही पीड़ा सालती है।

प्रासाद-स्थित बंदी स्थावरक का प्रवेश

स्थावरक : (घोषणा सुनकर व्याकुलतापूर्वक) क्या निर्दोष चारुदत्त की हत्या की जा रही है ? स्वामी ने मुझे यहाँ शृंखला में बाँधकर डाल रखा है। तो ज़ोर से चिल्लाता हूँ। सुनो सज्जनो, सुनो ? गाड़ी बदल जाने से वसंतसेना को जीर्ण पुष्पकरंडक उद्यान तक ले जाने वाला मैं हूँ। वहाँ उसने

मेरे स्वामी का अनुनय स्वीकार नहीं किया, इसलिए उसी ने वसंतसेना को गला दबाकर मारा है। आर्य चारुदत्त ने उसे नहीं मारा। अरे ! दूर होने से मेरी बात किसी के कानों तक नहीं पहुँच रही ! तो क्या करूँ ? यहाँ से नीचे कूद जाऊँ ? (सोचकर) ऐसा करने से आर्य चारुदत्त मरने से बच जाएँगे। तो प्रासाद की अटारी के इस जीर्ण गवाक्ष से कूद जाता हूँ। मैं मर जाऊँ तो कुछ नहीं परंतु कुलपुत्र पक्षियों के वासवृक्ष आर्य चारुदत्त को नहीं मरना चाहिए। इस तरह मरकर मेरा परलोक सँवर जाएगा। (कूदकर) अरे गिरकर मैं मरा नहीं, बल्कि बेड़ी टूट गई। अब देखूँ कि चांडाल कहाँ घोषणा कर रहे हैं। (देखकर और पास जाकर) सुनो चांडालो, मुझे मार्ग दो।

दोनों चांडाल : कौन मार्ग चाहता है ?

स्थावरक 'सुनो सज्जनो' इत्यादि दोहराता है।

चारुदत्त : अरे !

ऐसे समय
जबकि कालपाश मुझे घेर है,
अनावृष्टि से सूखे धान के लिए द्रोण मेघ की तरह
यह कौन सहसा उठ आया है !

सुना आप लोगों ने ?

मुझे मृत्यु का भय नहीं,
भय केवल अपयश का है।
यश के साथ मृत्यु हो, तो उसे
मैं पुत्र-जन्म का-सा उत्सव मानूँगा।

एवं

विष से बुझे बाण की तरह
उस मूर्ख नीचात्मा ने—
यद्यपि मुझे उससे कोई शत्रुता नहीं थी—
अपने कलंक से
मुझे कलंकित कर दिया है।

दोनों चांडाल : तुम सच कह रहे हो स्थावरक ?

स्थावरक : हाँ, सच ही तो कह रहा हूँ। मैं यहाँ किसी को बता न सकूँ, इसीलिए मुझे उसने बेड़ी डालकर प्रासाद की अटारी में बंदी कर रखा था।

शकार का प्रवेश।

शकार : (हर्ष के साथ)

तीते-खट्टे मांश
शाक-शूप-मछली
और गुड़-ओदन के श्तूप के शाथ
मैं अपने घर शे
शाली का भात खाकर आया हूँ !

(सुनकर) फूटे हुए काँशे का-शा चांडालों का शब्द शुनाई दे रहा है। वध शमय के ढोल और नगाड़ों के ऊँचे श्वर शे अनुमान होता है कि चारुदत्त को वध-श्थान की ओर ले जाया जा रहा है। तो चलकर देखूँ। शत्रु का नाश देखकर हृदय को बहुत शंतोष मिलता है। शुना है कि जो अपने शत्रु का वध देखता है, उशे अगले जन्म में आँख का रोग नहीं होता। मृणाल की नाल में घुशे हुए कीड़े की तरह मार्ग का अन्वेषण करते हुए मैंने दरिद्र चारुदत्त के लिए तो विनाश ही उपश्थित कर दिया। अब अपने प्राशाद की अटारी पर चढ़कर अपना यह पराक्रम देखता हूँ। (ऊपर पहुँचकर देखता हुआ) अरे ! इश दरिद्र चारुदत्त के वध-श्थान की ओर जाने के शमय मार्ग में इतनी भीड़ है। अपने जैशा महान वर मनुष्य वध-श्थान की ओर ले जाया जाए, तो कितनी भीड़ हो ! (ध्यान से देखकर) इशे नए बैल की तरह शजाकर दक्षिण दिशा की ओर ले जाया जा रहा है। अरे ! मेरी अटारी के नीचे आकर जो घोषणा होनी थी, वह क्यों नहीं हुई ? (आसपास देखकर) और चेट श्थावरक कहाँ गया ? कहीं उशने यहाँ शे जाकर शारा भेद ही तो नहीं खोल दिया ! पहले चलकर उशे खोजूँ।

अटारी से उतरकर उस ओर जाता है।

स्थावरक : (उसे आता देखकर) भट्टारकगण, यह आ रहा है वह !

दोनों चांडाल : हट जाइए, मार्ग छोड़ दीजिए,
द्वार बंद कर लीजिए और मौन हो रहिए !
तीखे सींगों वाला उद्धत और दुष्ट बैल
इसी ओर आ रहा है !

शकार : अरे मार्ग दो मुझे, मार्ग दो ! (पास पहुँचकर) चेट श्थावरक, बेटे, आ हम लोग घर चलें।

स्थावरक : क्यों दुष्ट, वसंतसेना को मारकर संतोष नहीं हुआ जो तुम याचकों के कल्पवृक्ष आर्य चारुदत्त के भी प्राण लेने पर तुले हो ?

शकार : मैं, रत्नकुंभ-शा वर मनुष्य, श्त्री की हत्या करूँगा ?

सब : चारुदत्त ने उसकी हत्या नहीं की। उसकी हत्या तुमने की है।

शकार : कौन कहता है ?

सब : (स्थावरक की ओर संकेत करके) यह साधु पुरुष कहता है।

शकार : (भयपूर्वक, अपवारित) अरे यह तो अंधेर हो गया ! क्या चेट श्थावरक को मैंने ठीक शे नहीं बाँधा था। मेरे उश अकार्य का यही एक शाक्षी है। (सोचता हुआ) तो ऐशे किया जाए। (प्रकट) यह झूठ है शज्जनो ! इश चेट ने मेरा शोना चुराया था, इशलिए मैंने इशे पकड़कर पीटा, मारा और बाँध दिया था। वह शत्रुता निकालने के लिए यह जो कुछ कह रहा है, क्या उशे शच मान लिया जाएगा ? (अलग से स्थावरक को स्वर्णाभूषण देने की चेष्टा करता हुआ धीमे स्वर में) यह ले ले बेटा श्थावरक, और जैशे मैं कहता हूँ, वैशे कह दे।

स्थावरक : (आभूषण लेकर) देखिए भट्टारकगण ! यह मुझे सोने का लोभ दिखा रहा है !

शकार : (आभूषण छिपाकर) शज्जनो, यही वह शोना है जिशके कारण मैंने इशे बाँधकर रखा था। (क्रोधपूर्वक) वाश्तविक श्थिति यह है चांडालो, कि इशे मैंने अपने श्वर्ण-भंडार में नियुक्त कर रखा था। वहाँ इशे शोना चुराते देखा तो पकड़कर मारा और पीटा। यदि तुम लोग मेरी बात पर

विश्वास नहीं करोगे, तो देखना तुम्हारे शाथ क्या होता है !

दोनों चांडाल : (देखकर) ये ठीक ही तो कह रहे हैं। उत्तेजना में चेट क्या मिथ्या प्रलाप नहीं कर सकता ?

स्थावरक : कैसा अंधेर है ! दासता सचमुच कितनी हीन स्थिति है कि कोई व्यक्ति पर विश्वास ही नहीं करता ! (करुण स्वर में) आर्य चारुदत्त, मेरी सामर्थ्य बस इतनी ही थी।

पैरों पर गिर जाता है।

चारुदत्त : (करुण स्वर में)

विपत्ति में सज्जनो के सहायक,
और मेरे अकारण बंधु
उठो धर्मशील !
मुझे मुक्त करने के लिए तुमने क्या नहीं किया ?
तुम्हारा प्रयत्न महान है;
परंतु दैव ही आज मेरे प्रतिकूल है।

दोनों चांडाल : स्वामी, इस चेट को मार-मारकर यहाँ से निकाल दें।

शकार : निकल जा रे ! (उसे धक्के से निकालकर) क्यों चांडाल बंधुओ, तुम लोग अब विलंब किशलिए कर रहे हो ? जल्दी से इशका वध कर दो।

दोनों चांडाल : यदि जल्दी है, तो आप स्वयं ही वध कर दें

रोहसेन : चांडालो, मेरे पिता को छोड़ दो और मुझे मार दो।

शकार : मैं कहता हूँ कि इशके पुत्र को भी इशके शाथ मार दो।

चारुदत्त : यह मूर्ख कुछ भी करा सकता है। बेटा, तू अपनी माँ के पास चला जा !

रोहसेन : मैं वहाँ जाकर क्या करूँगा ?

चारुदत्त : माँ को साथ लेकर,

आज ही किसी आश्रम में चले जाना।
पिता के अपराध से
कहीं तुम्हारी भी यही गति न हो ?

मित्र, तुम इसे साथ ले जाओ !

विदूषक : तुम समझते हो कि तुम्हारे बिना मैं जीता बच रहूँगा ?

चारुदत्त : मित्र, तुम्हारा जीवन अपने अधिकार में है, तुम क्यों प्राण दोगे ?

विदूषक : (स्वगत) प्राण देना यद्यपि उचित नहीं, फिर भी तुम्हारे बिना मैं जीवित नहीं रह सकूँगा। बच्चे को आर्या के हाथों में सौंपकर मैं भी अपने प्राण दे दूँगा और तुम्हारे साथ ही चलूँगा। (प्रकट) मित्र, मैं इसे अभी लेकर जा रहा हूँ।

शकार : चांडाल बंधुओ, मैं तुम लोगों शे कह रहा हूँ कि इशके पुत्र को भी इशके शाथ मार दो।

चारुदत्त भयभीत हो उठता है।

दोनों चांडाल : हमें राजा की ओर से ऐसी आज्ञा नहीं है कि चारुदत्त के पुत्र का भी उसके साथ वध किया जाए। जाओ बच्चे, तुम यहाँ से चले जाओ।

बच्चे को भेज देते हैं।

यह तीसरा घोषणा-स्थान है। फिर ढोल पीटें।

पुनः घोषणा करते हैं।

शकार : (स्वगत) क्या पुरवाशियों को मेरी बात पर विश्वास नहीं हुआ ? (प्रकट) अरे बटुक चारुदत्त, पुरवाशियों को विश्वास नहीं है इशलिए अपने मुँह शे कह दे, तूने ही वशंतशेना की हत्या की है।

चारुदत्त मौन रहता है।

शकार : चांडाल गोह ! चारुदत्त बोल नहीं रहा। जर्जर बाँश और शृंखला शे मार-मारकर इशे बुलवाओ।

पहला चांडाल : (मारने के लिए उद्यत होकर) बोल चारुदत्त !

चारुदत्त : (करुण स्वर में)

विपत्ति के समुद्र में आ गिरा हूँ,
इसका मुझे भय नहीं,
और न ही मन में इसका विषाद है।
केवल यह अपवाद,
कि मैंने उसकी हत्या की है,
आग की तरह मुझे जला रहा है।

शकार अपनी बात दोहराता है।

चारुदत्त : सुनो पुरवासियो !

'मैं वह नृशंस हूँ...' इत्यादि दोहराता है।

शकार : जान शे मार दिया है।

चारुदत्त : ठीक कहता है यह।

पहला चांडाल : (दूसरे से) सुन, आज वध करने की तेरी बारी है।

दूसरा चांडाल : नहीं, आज तेरी बारी है।

पहला चांडाल : अच्छा, गणना कर लेते हैं। (लिखकर गणना करते हुए) यदि मेरी बारी है, तो क्षण-भर ठहर जा।

दूसरा चांडाल : क्यों ?

पहला चांडाल : मेरे पिता ने स्वर्ग को जाते हुए मुझसे कहा था कि बेटा वीरक, जब वध करने की तेरी बारी हो, तो मरनेवाले का वध सहसा कभी न करना।

दूसरा चांडाल : क्यों ?

पहला चांडाल : क्योंकि कभी कोई सज्जन धन देकर मरने वाले को छुड़ा देता है, कभी राजा के पुत्र हो जाता है और उस वृद्धि-महोत्सव में मृत्युदंड के सब भागियों को मुक्त कर दिया जाता है। कभी राज-परिवर्तन हो जाता है जिससे मृत्युदंड के भागी स्वतः मुक्त हो जाते हैं।

शकार : राज-परिवर्तन का क्या अर्थ है ?

पहला चांडाल : अरे, हम तो अपनी बारी का लेखा-जोखा कर रहे हैं।

शकार : तो शीघ्रता शे वध करो चारुदत्त का।

एक ओर खड़ा हो जाता है।

पहला चांडाल : आर्य चारुदत्त, अपराध राजा की आज्ञा का है, हम चांडाल अपराधी नहीं हैं। तुम्हें अब जिसका स्मरण करना हो, कर लो।

चारुदत्त :

समर्थ व्यक्ति के लगाए हुए अभियोग से
या भाग्य के दोष से,
आज मैं दूषित हूँ।
फिर भी मेरे धर्म में यदि कुछ शक्ति है,
तो स्वयं वसंतसेना ही–
देवलोक में या जहाँ कहीं भी वह है–
मेरे कलंक का अपहार करे।
बताओ अब कहाँ चलना है ?

पहला चांडाल : (आगे-आगे मार्ग दिखाता हुआ) वह सामने दक्षिण में

श्मशान दिखाई दे रहा है। मृत्युदंड के समय अपराधी यदि उस ओर देखता रहे तो प्राण निकलने में अधिक समय नहीं लगता।

लंबे होकर शृंगाल
सूली में लटकते हुए शरीर को
निचले भाग से अपनी ओर खींचते हैं;
और ऊपर का आधा भाग
सूली से टँगा
अट्टहास करता प्रतीत होता है।

चारुदत्त : (स्वगत) हाय, कैसी अपमृत्यु होगी मुझ अभागे की ! (उद्विग्न होकर बैठता है।)

शकार : मैं अभी यहाँ शे नहीं हटूँगा, चारुदत्त का वध होते देखकर ही जाऊँगा।

पहला चांडाल : तुम्हें डर लग रहा है, चारुदत्त ?

चारुदत्त : (सहसा उठकर) मूर्ख !

'मुझे मृत्यु का भय नहीं' इत्यादि दोहराता है।

पहला चांडाल : आर्य चारुदत्त, इस आकाश के नीचे चाँद-सूर्य पर भी विपत्ति आ जाती है, मृत्यु से डरनेवाले मनुष्यों की तो बात ही क्या है ! संसार में कोई ऊपर से नीचे गिरता है, कोई नीचे से ऊपर चढ़ता है।

पताका पट की तरह
शरीर का उत्थान-पतन होता है।
इसे हृदय में स्वीकार करके
अपने को आश्वस्त करो।

(दूसरे चांडाल के प्रति) चौथा घोषणा-स्थान आ गया। अब फिर घोषणा करें।

पुनः घोषणा करते हैं।

चारुदत्त : वसंतसेने !

'चंद्रकिरण के समान' इत्यादि दोहराता है।

घबराई हुई वसंतसेना और
भिक्षु संवाहक का प्रवेश

संवाहक : निर्जन में विपत्तिग्रस्त वसंतसेना को स्वस्थ करके साथ

लाने में भिक्षु-वेश ने बहुत सहायता की है। उपासिके, बताओ तुम्हें अब कहाँ पहुँचा दूँ ?

वसंतसेना : मुझे आर्य चारुदत्त के घर तक पहुँचा दो। उनके दर्शन से मेरे हृदय में शक्ति का पारावार हिलोरें लेने लगेगा।

संवाहक : किस मार्ग से चला जाए ? (सोचकर) राजमार्ग से ही चलना उचित होगा। आओ उपासिके, राजमार्ग इस ओर है। (सुनकर) राजमार्ग में यह कोलाहल कैसा हो रहा है ?

वसंतसेना : (सामने देखकर) सामने इतने लोग इकट्ठे हैं। आर्य, पता करो क्या बात है ? उज्जयिनी की दशा कुछ ऐसी ही हो रही है जैसे अतिशय भार से असंतुलित होकर धरती एक ओर से ऊपर उठ गई हो।

पहला चांडाल : यह अंतिम घोषणा-स्थान है। आओ, ढोल पीटें और घोषणा करें। (घोषणा करके) प्रस्तुत हो जाओ चारुदत्त ! डरो नहीं, अब तुम्हारी मृत्यु में अधिक समय नहीं लगेगा।

चारुदत्त : देवता कल्याण करें।

भिक्षु : (सुनकर घबराए हुए स्वर में) उपासिके, आर्य चारुदत्त पर यह आरोप लगाकर, कि उन्होंने तुम्हारी हत्या की है, उन्हें वध-स्थान की ओर ले जाया जा रहा है।

वसंतसेना : (घबराकर) हाय ! मुझ अभागिन के कारण उनके प्राण लिये जा रहे हैं ! शीघ्र बताओ हमें किस मार्ग से चलना है ?

भिक्षु : हम लोग शीघ्र चलें, तो उपासिका आर्य चारुदत्त के प्राण रहते ही वहाँ पहुँचकर उन्हें आश्वस्त कर सकती हैं। मार्ग दीजिए सज्जनो, मार्ग दीजिए !

वसंतसेना : मार्ग दीजिए, मार्ग !

पहला चांडाल : आर्य चारुदत्त, स्वामी की आज्ञा से ही हम यह अपराध कर रहे हैं। तुम्हें जिसका स्मरण करना हो, कर लो।

चारुदत्त : और किसका स्मरण करूँ ?

'समर्थ व्यक्ति के लगाए हुए अभियोग से' इत्यादि दोहराता है।

पहला चांडाल : (तलवार खींचकर) आर्य चारुदत्त, अब पीठ के बल सीधे लेट जाओ। एक ही प्रहार में हम तुम्हें उस लोक

में पहुँचा देंगे।

चारुदत्त आदेश के अनुसार लेट जाता है। चांडाल प्रहार करने के लिए तलवार उठाता है, परंतु वह हाथ से गिर जाता है।

चांडाल : अरे, यह क्या हुआ ?

हाथ से मूठ को पकड़कर
क्रोध से मैंने इसे ऊपर उठाया।
परंतु वज्र-सी कठोर तलवार
सहसा धरती पर जा गिरी।

इससे तो मुझे लगता है कि आर्य चारुदत्त वध से बच जाएँगे।

सह्याद्रिनिवासिनी देवि ! कृपा करो। यदि आर्य चारुदत्त आज बच जाएँ, तो चांडाल-कुल तुम्हारा बहुत अनुगृहीत होगा।

दूसरा चांडाल : देखो, हमें आदेश के अनूसार कार्य करना चाहिए।

पहला चांडाल : ठीक है ! आओ !

दोनों चारुदत्त को सूली पर लटकाने का आयोजन करने लगते हैं। चारुदत्त 'समर्थ व्यक्ति के लगाए हुए अभियोग से' इत्यादि फिर दोहराता है।

संवाहक तथा वसंतसेना : (आते हुए यह सब देखकर) रुक जाओ भद्रपुरुषो ! इन्हें मारो नहीं। जिस अभागिन के कारण इनके प्राण लिये जा रहे हैं, वह यहाँ उपस्थित है।

पहला चांडाल : (देखकर)

कंधे पर बिखरे हुए बाल
और ऊँचे उठे हाथ !
कौन है यह
जो हमें वध-कार्य से रोकती हुई
इस ओर आ रही है ?

वसंतसेना : (चारुदत्त के प्रति) आपकी यह कैसी दशा है आर्य ?

उसके सामने मूर्च्छित हो जाती है।

संवाहक : आपकी यह कैसी दशा है, आर्य ?

उसके पैरों पर गिरता है।

पहला चांडाल : (भयभीत-सा पास आकर) वसंतसेना जीवित है ! कितना बड़ा सौभाग्य है कि हमारे हाथों एक निरपराध की हत्या नहीं हुई !

संवाहक : (उठकर) तो आर्य चारुदत्त जीवित हैं ?

पहला चांडाल : वे अभी सौ वर्ष तक जीवित रहेंगे।

वसंतसेना : (मूर्च्छा से उठकर) इन शब्दों ने मुझे एक नया जीवन दे दिया है।

पहला चांडाल : राजा इस समय यज्ञशाला में हैं। उन्हें चलकर यह समाचार दे दें।

दोनों चांडाल चले जाते हैं।

शकार : (वसंतसेना को देखकर भयभीत स्वर में) आश्चर्य है ! इश दाशी की पुत्री को जीवित किशने कर दिया ? अब तो अपने प्राण गए ! तो यहाँ शे भाग चलूँ।

भाग जाता है।

पहला चांडाल : (आते हुए) राजा की आज्ञा है कि जिसने वसंतसेना की हत्या की है, उसका वध किया जाए। अब हमें राजा के साले को खोजना चाहिए।

निकल जाते हैं।

चारुदत्त : (आश्चर्यपूर्वक)

जिस समय शस्त्र ऊपर उठा
और मृत्यु ने मेरे लिए अपना मुँह खोल दिया,
उसी समय
अनावृष्टि से मुरझाए धान के लिए द्रोणवृष्टि की तरह
यह कौन है जो सहसा चली आई है !

देखकर :

मेरे मन की भ्रांति है यह,
या दूसरी वसंतसेना है ?
वह स्वयं देवलोक से उठ आई है
या उसकी मृत्यु नहीं हुई—वह अभी जीवित है ?

अथवा

मेरी प्राणरक्षा के लिए
वह स्वर्ग से उठकर चली आई है ?
या उसका रूप लेकर
कोई और ही यहाँ आ पहुँची है ?

वसंतसेना उठकर आँसू बहाती हुई
चारुदत्त के पैरों पर
गिर जाती है।

वसंतसेना : मैं वही पापिन हूँ, आर्य चारुदत्त, जिसके कारण आपकी यह दुर्दशा हुई है।

नेपथ्य में समवेत स्वर :

आश्चर्य ! बहुत-बहुत आश्चर्य का विषय है। वसंतसेना अभी जीवित है !

यह सुनकर चारुदत्त सहसा उठ खड़ा
होता है और आँखें मूँदे हुए
स्पर्श-सुख का अनुभव करता हुआ
गद्‌गद हो उठता है।

चारुदत्त : वसंतसेने, यह तुम...तुम्हीं हो न ?

वसंतसेना : हाँ आर्य, मैं अभागिन ही आपके पास बैठी हूँ।

चारुदत्त : (उसे देखकर उत्फुल्लित स्वर में) अरे, सचमुच तुम तो वसंतसेना ही हो !

आह्लादपूर्वक

आँसुओं के जल से
अपने मुख को धोती हुई
मेरी मृत्यु के समय
संजीवनी-सी तुम आ पहुँची हो !

वसंतसेने !

तुम्हारे ही कारण यह शरीर
आज मृत्यु के मुँह में जा रहा था
और तुम्हीं ने आकर इसकी रक्षा की है।
वैसी ही माला है
और वैसा ही लाल चीवर है।

वध्यपटह की ध्वनियाँ
मंगल-ध्वनियों-सी हो गई हैं।

वसंतसेना : अपनी अतिशय उदारता से आपने यह कर क्या लिया है ?

चारुदत्त : मैंने तुम्हारी हत्या की है, यह कहकर
प्रभावशाली शत्रु ने
पहले का वैर निकालने के लिए
स्वयं नरक में जाते हुए
मुझे भी साथ खींच लिया है।

वसंतसेना : (कानों पर हाथ रखकर) पाप शांत हो ! मेरी हत्या करने वाला है राजश्यालक !

चारुदत्त : (संवाहक की ओर देखकर) यह कौन है ?

वसंतसेना : राजश्यालक हत्या करनेवाला है और ये हैं मुझे जीवनदान देनेवाले !

चारुदत्त : तुम कौन हो, अकारण बंधु ?

संवाहक : आर्य ने मुझे पहचाना नहीं ? मैं हूँ आपके चरण-संवाह की चिंता रखनेवाला संवाहक। जुआरियों द्वारा पकड़े जाने पर आपका आत्मीय होने के नाते आर्या ने अपने आभरण के द्रव्य से मुझे अपना दास बना लिया था। तदनंतर जुए से विरक्त होकर मैं बौद्ध-भिक्षु हो गया। गाड़ी बदल जाने से आर्या जीर्ण पुष्पकरंडक उद्यान में पहुँच गई थीं। वहाँ इन्होंने उस नीच को धिक्कार दिया, इसलिए उसने गला दबाकर इनकी हत्या कर दी। मैंने इन्हें वहीं पड़े हुए देखा।

नेपथ्य में कोलाहल।

विजयी हों
दक्ष यंक्ष के विघातक महादेव !
तथा
क्रौंच पर्वत के विदारक कार्तिकेय !
तदनंतर
शुभ्र कैलाश की ध्वजा से मंडित
इस विशाल धरती पर

महान शत्रु के विनाशक
राजा आर्यक विजयी हों।

सहसा शर्विलक का प्रवेश।

शर्विलक : दुष्ट राजा पालक की हत्या कर
सिंहासन पर मैंने आर्यक का अभिषेक कर दिया है।
अब इनकी आज्ञा
निर्माल्य की तरह शिरोधार्य कर,
चारुदत्त को
मैं उनकी विपत्ति से मुक्त करने जा रहा हूँ।

एवं

बलहीन तथा मंत्रिहीन
राजा पालक की हत्या कर
आर्यक ने
इंद्रपुर की तरह
शत्रु के राज्य को जीत लिया है;
सारी वसुधा का
अधिराज्य प्राप्त कर,
अपने उत्कर्ष से
पुरवासियों को आश्वस्त कर दिया है।

(सामने देखकर) यहाँ बहुत भीड़ है, इसलिए आर्य चारुदत्त को यहीं होना चाहिए। राजा आर्य का राज्यारंभ आर्य चारुदत्त की जीवन-रक्षा से सफलता प्राप्त करेगा। (शीघ्रतापूर्वक पास पहुँचकर) हट जाओ हत्यारो ! (देखकर हर्षपूर्वक) अरे ! वसंतसेना और आर्य चारुदत्त दोनों जीवित हैं ! तब तो स्वामी की मनोकामना स्वतः पूरी हो गई।

भाग्य है
कि गुण और शीलवती इस नारी ने
नाव बनकर
दुःख के अपार महासागर से
आपको पार कर दिया है !

मैं उनके घर में एक बहुत बड़ा पाप कर चुका हूँ, अब उनके सामने कैसे जाऊँ ? परंतु नहीं, निश्छलता का सदा

सम्मान होता हैं (सामने आकर हाथ जोड़े हुए) आर्य चारुदत्त !

चारुदत्त : कौन हो तुम ?

शर्विलक :
आपका घर तोड़कर
जिसने धरोहर का धन चुरा लिया था,
मैं वही महापापी
इस समय आपकी शरण में हूँ।

चारुदत्त : ऐसा न कहो मित्र ! तुमने तो मेरे साथ उपकार ही किया था।

उसे गले से लगाता है।

शर्विलक :
इसके अतिरिक्त
आर्यचरित आर्यक ने
कुल और मर्यादा की रक्षा करते हुए
शिशु की तरह पकड़कर
यज्ञशाला में
दुरात्मा पालक की हत्या कर दी है।

चारुदत्त : सच ?

शर्विलक :
कुछ दिन पहले
आपकी गाड़ी में बैठकर
जिसने आपकी शरण ली थी,
उसी आर्यक ने
विशाल यज्ञ में पशु की तरह
राजा पालक की हत्या कर दी है !

चारुदत्त : शर्विलक, अहीरों की बस्ती में जाकर, जिन्हें राजा पालक ने अकारण ही अंधकारागार में बंद कर दिया था, उन आर्यक को तुम्हीं ने मुक्त किया था ?

शर्विलक : हाँ, आर्य !

चारुदत्त : कितना अच्छा कार्य किया तुमने !

शर्विलक : आपके मित्र आर्यक ने उज्जयिनी का राज्य प्राप्त करते ही वेणी नदी के तट पर कुशावती का राज्य आपको सौंप दिया है। आप अपने मित्र का यह पहला अनुग्रह स्वीकार करें। (घूमकर) उस पातकी राजा के मित्र को यहाँ ले

आओ।

नेपथ्य में : जैसी शर्विलक की आज्ञा।

शर्विलक : आर्य, राजा आर्यक ने निवेदन किया है कि वह राज्य उन्होंने आपके गुणों से ही प्राप्त किया है, अतः आप उसका उपभोग करें।

चारुदत्त : हमारे गुणों से ?

नेपथ्य में : इधर आ राजा के साले, अब तू अपनी नीचता का फल प्राप्त कर !

राजपुरुष शकार को पकड़े हुए आते हैं। उसके हाथ पीछे को बँधे हैं।

शकार : मार लिया गया !

निकल भागा था
परंतु
उच्छृंखल गधे और कुत्ते की तरह
बाँधकर वापश ले आया गया हूँ।

(इधर-उधर देखकर) चारों ओर लोग राजा के शाले को पकड़ने के लिए उत्शुक हैं। इश अशहाय श्थिति में किशकी शरण में जाऊँ ? (सोचकर) विपत्तिग्रश्तों को शरण देनेवाले आर्य चारुदत्त की ही शरण में जाना चाहिए। (पास जाकर) रक्षा करें आर्य चारुदत्त ! रक्षा करें !

पैरों पर गिर जाता है।

नेपथ्य में : इसे रहने दीजिए आर्य चारुदत्त ! हम इसकी हत्या करेंगे।

शकार : (चारुदत्त से) अशहायों के शहायक, रक्षा करो !

चारुदत्त : (दयार्द्र होकर) शरणागत अभय हो !

शर्विलक : (आवेगपूर्वक) इसे आर्य चारुदत्त के पास से हटा लिया जाए। (चारुदत्त से) बताइए, इस नीच की क्या गति की जाए ?

हाथ-पैर बाँधकर
इसे पृथ्वी पर घसीटा जाए
या कुत्तों को खिला दिया जाए ?
सूली पर लटकाया जाए
या आरे से चिरवा दिया जाए ?

लगा लेता है।

धूता : (देखकर) स्वर तो आर्यपुत्र का है ! (फिर अच्छी तरह देखकर हर्षपूर्वक) सौभाग्य से आर्यपुत्र ही तो हैं।

ोहसेन : कितनी प्रसन्नता का विषय है ! पिता मुझे वक्ष से लगा रहे हैं। (धूता से) प्रसन्न हो माँ ! जीवित रहकर पिता स्वयं ही मेरा पालन करेंगे।

ारुदत्त : (धूता से)

प्रिय के जीते-जी,
तुमने यह कठोर प्रयास क्यों किया था ?
सूर्यास्त से पहले ही
कमलिनी आँखें क्यों मूँद रही थी ?

धूता : आर्यपुत्र, इसीलिए तो उसे अबोध कहकर मानित किया जाता है।

षक : (देखकर हर्षपूर्वक) अरे ! अपनी इन आँखों से प्रिय मित्र को आज फिर से देख रहा हूँ। सतीत्व का कैसा प्रभाव है ! अग्नि-प्रवेश के आयोजन से ही इन्हें प्रिय का समागम प्राप्त हो गया। (चारुदत्त से) जय हो मित्र !

दत्त : आओ मैत्रेय !

आलिंगन करता है।

का : कैसा संयोग है ! आर्य, प्रणाम करती हूँ

चारुदत्त के चरणों पर गिरती है।

त्त : (पीठ पर हाथ रखकर) उठ जाओ रदनिके !

उसे उठा देता है।

ा : (वसंतसेना को देखकर) भाग्य से आप सकुशल तो हैं ?

ा : अब इस समय सकुशल हूँ।

दोनों परस्पर आलिंगन करती हैं।

क : सौभाग्य है कि आर्य अपने मित्रों सहित जीवित हैं।

ा : यह आपकी ही कृपा के कारण है।

ः : वसंतसेने, राजा आर्यक ने प्रसन्न होकर आपको 'वधू' के पद से विभूषित किया है।

: मैं अपने को कृतार्थ समझती हूँ, आर्य !

शर्विलक आगे बढ़कर वसंतसेना का मुँह

चारुदत्त : जो मैं कहूँगा, वही किया जाएगा ?

शर्विलक : हाँ वही किया जाएगा ?

शकार : मैं शरणागत हूँ, श्वामी चारुदत्त मेरी रक्षा करें ! देखिए आप अपने श्वभाव के अनुशार ही कार्य कीजिए। मैं फिर ऐशा कभी नहीं करूँगा।

नेपथ्य में पुरवासियों का स्वर :

वसंतसेना : मार दो इसे ! यह पातकी अभी तक जीवित क्यों है ?

वसंतसेना चारुदत्त के गले से वध्यमाला उतारकर शकार के गले में डाल देती है।

शकार : क्षमा कर दे वशंतशेने ! कह रहा हूँ कि फिर शे तेरी हत्या नहीं करूँगा। इश शमय मेरी रक्षा कर ले !

शर्विलक : हटा दो इसे यहाँ से ! आर्य चारुदत्त, आज्ञा कीजिए, इसके साथ क्या व्यवहार किया जाए ?

चारुदत्त : जो मैं कहूँगा, वही किया जाएगा न ?

शर्विलक : हाँ-हाँ, वही किया जाएगा।

चारुदत्त : सच कहते हो ?

शर्विलक : हाँ, सच ही तो है।

चारुदत्त : यदि ऐसा है, तो तुरंत...इसे...

शर्विलक : मार दिया जाए ?

चारुदत्त : नहीं, मुक्त कर दिया जाए।

शर्विलक : क्या ?

चारुदत्त : अपराधी शत्रु-शरण में आकर पैरों पर गिर जाए, तो उस पर शस्त्र नहीं उठाना चाहिए।

शर्विलक : तो ठीक है। इसे कुत्तों से नुचवा देते हैं।

चारुदत्त : नहीं, इसे उपकार की मार से मारना चाहिए।

शर्विलक : आश्चर्य है कि आप ऐसा सोचते हैं। आप आज्ञा करें।

चारुदत्त : इसे मुक्त कर दिया जाए।

शर्विलक : तो ठीक है, मुक्त कर देते हैं।

शकार : अहा ! मुझे दूसरा जीवन मिल गया !

राजपुरुषों के साथ प्रस्थान।

नेपथ्य में कोलाहल।

आर्य चारुदत्त की पत्नी आर्या धूता पग-पग पर आँचल से चिपटते हुए अपने बच्चों को दूर हटाकर जलती आग में प्रवेश कर रही हैं और सब लोग अश्रुपूर्ण नेत्रों से यह दृश्य देख रहे हैं।

शर्विलक : (नेपथ्य की ओर देखकर) तुम हो चंदनक ! यह क्या हो रहा है चंदनक ?

चंदनक का प्रवेश।

चंदनक : आर्य, आप देख नहीं रहे हैं ? राजप्रासाद के दक्षिण की ओर बहुत भीड़ एकत्रित है। ('आर्य चारुदत्त की पत्नी' इत्यादि दोहराकर) मैंने उनसे कहा है कि आप ऐसा दुःसाहस न करें, आर्य चारुदत्त जीवित हैं, परंतु दुःख में डूबा हुआ व्यक्ति क्या किसी की सुनता है ? या किसी पर विश्वास करता है ?

चारुदत्त : (उद्वेगपूर्वक) धूते, मेरे जीवित रहते यह तुमने क्या किया ?

ऊपर की ओर देखकर तथा निःश्वास लेकर।

सदाचारिणी,
तुम्हारे चरित्र को देखते हुए
पृथ्वी तुम्हारे आवास के लिए अनुकूल स्थान नहीं।
परंतु अपने पति को अकेले छोड़कर
परलोक का सुख प्राप्त करना
पतिव्रता का धर्म नहीं।

मूर्च्छित हो जाता है।

शर्विलक : कैसी व्याकुल करनेवाली स्थिति है !
वहाँ तुरंत जाना आवश्यक है
और यहाँ आर्य मूर्च्छित हैं !
लगता है हमारे प्रयत्न
आज निष्फल ही जाएँगे।

वसंतसेना : आर्य, आप धैर्य रखें और वहाँ जाकर आर्या की प्राण-रक्षा करें। आपके अधीर होने से अनर्थ हो जाएगा।

चारुदत्त : (आश्वस्त भाव से सहसा उठकर) कहाँ हो प्रिये ? मुझे उत्तर दो !

चंदनक : इधर से आएँ आ

सब घूमते

धूता : छोड़ दे बच्चे, तू
कानों से आर्यपुत्र
औं

रोहसेन : मेरे लिए रुक ज
रहूँगा।

विदूषक : ऋषियों का कहन
से अलग चिता

धूता : आर्यपुत्र का अ
लिए अधिक श्रे

शर्विलक : (सामने देखकर
चलिए।

धूता : रदनिके, बच्चे
रही हूँ।

रदनिका : (करुण स्वर

धूता : (विदूषक से

विदूषक : (आवेगपूर्व
चाहिए। अ

धूता : दोनों ने
लेकर) बेट
अपने को
नष्ट हो
लिए आ

चारुदत्त : (उसकी,
पालन क